Waarom samenwerken werkt

Een gids voor organisaties en netwerken bij het
onderzoeken, beoordelen en verbeteren van samenwerking

Nicole Archangel

&

Jan F. Bouman

ISBN 978-1-51-156837-1

ISBN 978-90-817103-5-0 (NL)

NUR 801

Auteurs: Jan F. Bouman & Nicole Archangel

Website: https://samenwerkenwerkt.wordpress.com

Bestellen en communicatie via website.

Dit boek is ook te bestellen via Amazon.com als paperback of e-book.

Het tot stand komen van dit boek is een persoonlijk initiatief van de auteurs en is door niemand gesponsord.

Ontwerp van de omslag: Watchara/Shutterstock.com. Afbeelding gebruikt onder licentie van Shutterstock.com

SharePoint is een geregistreerd handelsmerk van Microsoft Corporation.

Google is een geregistreerd handelsmerk van Google Inc.

IBM is een geregistreerde handelsnaam van International Business Machines Corporation.

Inhoudsopgave

Voorwoord
Een Amsterdams verhaal over samenwerken

Bij de bar in café Amstelhoeck bij het Stadhuis in Amsterdam zagen we elkaar opnieuw. Het was eind 2012 en Amsterdam was in kerstsfeer. Als collega's in de zakelijke dienstverlening kom je elkaar niet dagelijks tegen omdat je meestal werkt op de locaties van verschillende opdrachtgevers. We wisten echter van elkaar waar we mee bezig waren en er waren veel raakpunten.

Samenwerken met SharePoint binnen de gelederen van de stad Amsterdam vormde ons belangrijkste raakpunt. We waren inmiddels alle bekende valkuilen tegen gekomen. SharePoint Governance leek een goed onderwerp om een artikel of een whitepaper aan te wijden. Hoe zet je SharePoint in om zo effectief mogelijk te kunnen samenwerken? Hoe stuur je dat aan vanuit de business? Dat artikel zou binnen een paar maanden moeten lukken, dachten wij.

In januari 2013 vierden we onze kick-off in De Ponteneur, een café in Amsterdam-Oost. Glas bier, maaltijd en vrije gedachten. En, wat al gauw bleek, goed gezelschap. De ene 'brainfart' na de andere ontglipte ons. De ene gedachte lokte de andere uit en soms dwaalden we af om even later de weg terug naar het onderwerp te vinden.

Op verschillende plekken in Amsterdam zochten we inspiratie maar we kwamen telkens uit bij De Ponteneur en soms de Openbare Bibliotheek van Amsterdam. We leerden elkaar kennen en werden vrienden.

Waarom werken mensen samen? Dat was de vraag die zich telkens weer op drong. Waarom doen mensen wat ze doen? Wat voor rol speelt technologie bij samenwerking? Maandelijks kwamen we bij elkaar en tussendoor spraken we via Skype. Via digitale media waren we zakelijk en doelgericht en in het Amsterdams café lieten we de gedachtestromen lopen.

Na bijna anderhalf jaar waren we toe aan een volgende fase. Het proces van research en contemplatie met z'n tweeën moest worden open gebroken. Anderen moesten het werk lezen en beoordelen. Tunnelvisie moest worden ontmaskerd. Negen vrienden en collega's

werden gevraagd te reviewen. Wij waren trots op wat we hadden
gepresteerd en tegelijkertijd vonden we het eng. Dat gevoel van een
kind dat zijn eerste zwemproef moet doen raak je kennelijk nooit kwijt.

 De reviews waren
verhelderend, kritisch
en opbouwend. De
gesprekken en de
verschillende
inzichten brachten
nieuwe ideeën en
verheldering van het
verhaal. De reviewers
merkten onder andere
op dat de auteurs een
boek hadden geschreven over hoe samenwerken werkt. En vooral over
hoe je samenwerken kunt laten werken. Al deze punten zijn
meegenomen, besproken en na wat tijd voor reflectie zijn we tot een
nieuwe insteek gekomen. Een gids voor organisaties en netwerken.

De reviewers wezen ons er ook op dat we zelf aangeven dat
samenwerking op zijn best is als je de kennis die je hebt open met
anderen deelt en ook anderen toestaat om een bijdrage te leveren aan
de verdere ontwikkeling hiervan. De openheid van discussieforums op
het internet moe(s)t deze laatste resten van tunnelvisie breken en
inspireren tot nieuwe inzichten.

Nu is de basis waarop we onze kennis over samenwerking baseren
gelegd en willen we onze ideeën in de praktijk verder uitbreiden om
meer te kunnen vertellen over het hoe van samenwerken.

Dit wordt een volgende stap in ons verhaal: De openheid van een tool
als het internet gebruiken om contact te maken en ervaringen te delen
en samen met anderen onze inzichten te toetsen en onze methode voor
samenwerken verder te ontwikkelen.

Dank

Wij danken Ruud Viergever en Rianne van der Steen van waterschap De Dommel. Jullie enthousiast verhaal over persoonlijk leiderschap en grenzeloos organiseren heeft ons geïnspireerd. Dank voor het geven van toestemming om jullie casus op te nemen in dit boek.

En wij danken de reviewers. Jullie inspirerende commentaren, kritieken, meningen en adviezen zijn bij het schrijven van dit boek voor ons van onschatbare waarde geweest.

De reviewers:

    Rigina Christiaans,
    Olga Colenbrander,
    Patrick Donath,
    René van Hove,
    Timon Knigge,
    Arthur Kruisman,
    Lotte de Rooij,
    Adri Staal,
    Willem-Jan Swiebel.

Foto's :

    James Doeland

Nicole Archangel en Jan Bouman
Amsterdam, Zeist, maart 2015

Hoofdstuk 1. Inleiding

1.1 Een boek over samenwerking?

„Waarom werken mensen samen?"

Deze vraag heeft ons aangezet tot het schrijven van dit boek. Uit onze persoonlijke omgeving en bij onze opdrachten komen we dagelijks in aanraking met het belang van samenwerking. Dit brengt ons vrijwel altijd terug naar het stellen van deze vraag. Doelen worden bereikt door effectieve samenwerking tussen mensen. Echter, het effectief en succesvol maken van samenwerking blijkt vaak mis te gaan. Gestelde doelen worden niet gehaald, verbeteringen blijken niet te werken en innovaties blijken onhaalbaar. Waarom is dat zo en wat kunnen wij daaraan doen?

Samenwerking speelt altijd en overal een rol. In organisaties, netwerken, in sociale omgevingen, thuis en op straat. Dit boek is een combinatie van onze ervaringen in de praktijk, onze ideeën over waarom mensen samenwerken en hoe anderen daarover denken. Wij onderbouwen onze ideeën met literatuur, voorbeelden, informatie en ervaringen die we de hebben verzameld uit onze eigen praktijk. Aan het eind komen wij met handreikingen over hoe samenwerking onderzocht, beoordeeld en verbeterd kan worden.

1.2 Doel van dit boek.

Het doel is u als lezer te laten zien hoe samenwerken zo effectief mogelijk gemaakt kan worden, rekening houdend met mensen, doelen en omgeving, waarbij gebruik gemaakt wordt van hulpmiddelen als moderne sociale media en collaboration tools. Dit boek biedt handvatten om samenwerking in elke situatie te onderzoeken, te beoordelen en te verbeteren. Aan de hand van voorbeelden laten wij zien hoe effectieve samenwerking in de praktijk werkt of juist niet werkt.

1.3 Voor wie is dit boek?

Dit boek is geschreven voor iedereen die zich bezig houdt met effectiviteit van samenwerking. Dit kan gaan om het bedenken van een nieuwe organisatiestrategie waarbij de neuzen dezelfde kant op moeten staan. Of om het samenstellen van een team waarvoor samenwerking cruciaal is. Of het formeren van een nieuwe organisatie, het introduceren van een nieuwe werkwijze of het adviseren bij bestaande knelpunten over samenwerking. Dit boek kan ook als leidraad gebruikt worden bij het inrichten of optimaliseren van tools ter ondersteuning van samenwerken. Het is interessant bij het opstarten van een project en kan als een thermometer gebruikt worden om op elk moment de samenwerking in de groep te kunnen meten.

Kortom, dit boek is interessant voor een ieder die betrokken is bij of onderdeel vormt van een veranderingsproces of samenwerkingsverband.

1.4 Wat is samenwerken?

De meest eenvoudige definitie van samenwerking is het algemene verschijnsel waarbij mensen *samen* dingen doen. In dit boek hebben wij het over samenwerking tussen mensen waarbij men bewust een doel nastreeft.

Bij het onderzoeken en beschrijven van samenwerking betrekken wij het gebruik van moderne digitale media. Digitale media zijn niet meer weg te denken en kunnen volgens ons toegevoegde waarde leveren voor de contactmomenten die bij samenwerking nodig zijn. Dit geldt zowel voor synchrone contacten waarbij er directe interactie is tussen mensen, als voor asynchrone contacten waarbij dit niet het geval is.

Waarom samenwerken werkt

Onze definitie van samenwerking is:

> *Mensen die op elkaar afgestemde activiteiten uitvoeren om een gezamenlijk doel te bereiken. Van deze mensen wordt verwacht dat op eigen initiatief kennis of vaardigheden worden gecombineerd, met als doel een resultaat te leveren dat meer waarde oplevert dan door één individu kan worden opgeleverd.*

Deze definitie vatten wij samen als *doelgericht samenwerken (of doelgerichte samenwerking)*. Het Amsterdams verhaal over samenwerken waar dit boek mee begint, is een schoolvoorbeeld van wat voor ons doelgerichte samenwerking inhoudt.

In de volgende hoofdstukken zullen wij u meenemen langs verschillende facetten van samenwerken. Motieven van mensen om samen te werken, de geschiedenis van het samenwerken, structuren en –vormen van samenwerken, sociale media en tools, de rol van kenniscreatie en kennisdeling bij samenwerking en ten slotte komen we tot een methode die al deze facetten combineert en die handreikingen levert om samenwerking te onderzoeken, te beoordelen en te verbeteren.

1.5   Verhalen en voorbeelden

Tussen de hoofstukken door vertellen wij verhalen over samenwerking. Dit zijn verhalen uit de praktijk die de in dit boek behandelde inzichten illustreren.

1.6   Structuur van het boek

De structuur van de behandelde onderwerpen per hoofdstuk in '*Waarom samenwerken werkt*' wordt weergegeven in het schema op de volgende bladzijde.

1 Een boek over samenwerken?

Doelgericht en meer dan een individu kan bereiken

2 Waarom werken mensen samen?

De verschillende vormen van motivatie

3 Hoe hebben mensen altijd samengewerkt?

Van mammoetjagers tot nu en verder

4 Hoe werken mensen samen?

In netwerken en organisaties

5 Wat is de rol van sociale media bij samenwerken?

De menselijke interacties ondersteund door sociale media

Hoe werken mensen doelgericht samen?

Gecoördineerd en met gemeenschappe- lijke doelen

6 Welke rol speelt kennis bij doelgericht samenwerken?

Samenwerken door delen en creëren van kennis

7 Hoe toetst men doelgericht samenwerken?

Door gebruik te maken van de inzichten in dit boek

8 Hoe toetst men effectief gebruik van een Collaboration Tool?

Onderzoeken, analyseren en verbeteren van samenwerken

Hoofdstuk 2.   Motivatie voor samenwerking

2.1   Samenwerkingsgedrag

De psychologie onderzoekt sinds jaar en dag het zogenaamde sociale dilemma. Namelijk het dilemma dat mensen ondervinden wanneer zij dingen doen in het belang van een groep, terwijl dat niet in hun korte termijn individueel belang is. Waarom zou men de groep helpen als men er zelf niet (direct) beter van wordt?

Tom Tyler schrijft in het boek Cooperation in Modern Society [1], dat mensen, ondanks het sociale dilemma, toch motieven kunnen hebben om samen te werken. Hij geeft aan dat de motieven voor samenwerking verbonden zijn aan het streven naar persoonlijk voordeel op korte of lange termijn. Hierbij gaat het om het helpen van anderen in combinatie met het helpen van zichzelf.

In het boek Cooperation in Modern Society [1a] beschrijven Van Vugt, Biel Snyder en Tyler het als volgt:

> In tegenstelling tot de gever-ontvanger relatie in een één-op-één hulpsituatie, streven mensen in een samenwerkingsverband er niet alleen naar anderen te helpen, maar tot op zekere hoogte ook zichzelf.
> Samenwerking is een vorm van hulp die onderscheiden kan worden van andere vormen door:
> (1) het aantal mensen dat profijt heeft,
> (2) gemeenschappelijke onderlinge afhankelijkheid,
> (3) de duur van de hulp, en (4) de aard van de hulpactie.

Mensen werken samen als zij er op de korte of lange termijn beter van worden en hierdoor helpen zij ook zichzelf. Dit kan heel bewust gebeuren door bijvoorbeeld het sponsoren van een goed doel door de directeur van een commercieel bedrijf om een goed imago en belastingvoordeel te creëren. Vaker gebeurt dit subtiel of onbewust omdat het deel uit maakt van de menselijke aard.

Ook als het gaat om grote uitdagingen die we niet alleen kunnen oplossen zullen we samenwerking met elkaar aangaan. Denk hierbij aan het verlagen van CO_2 uitstoot die een wereldwijde aanpak vereist op politiek niveau. Op de lange termijn zal het verlagen van de CO_2 uitstoot voor iedereen voordelen bieden.

2.2 Persoonlijke motieven om samen te werken

Voor samenwerking gelden volgens Tyler *persoonlijke motieven* om initiatief voor samenwerking te nemen. Hij maakt onderscheid tussen twee soorten persoonlijke motieven: instrumentele en waarde gedreven motieven.

- *Wat heb ik er zelf aan (what's in it for me)?* Instrumentele (egoïstische) motieven hebben met het bestaan van voordelen en nadelen (beloningen en sancties) te maken. Dit kan fysiek, mentaal of financieel zijn.

- *Heb ik het gevoel dat het rechtvaardig of ethisch is?* Waarde gedreven motieven hebben te maken met normen en waarden. Samenwerking wordt bepaald door ethisch of moreel besef van verantwoordelijkheid voor een groep. In dat geval is het voor de autoriteit genoeg om mensen te wijzen op hun verantwoordelijkheden en zijn beloningen of sancties niet nodig.

Zowel voor de instrumentele (mentaal, fysiek of financieel) als waarde gedreven motieven (ethiek) geldt voor mensen het volgende:

- Motivatie kan worden gevoed vanuit interne persoonlijke drijfveren. Zoals het gevoel van uitdaging, plezier of pijn. Dit wordt *intrinsieke* motivatie genoemd.

- Motivatie kan ook worden gevoed vanuit externe, door de omgeving opgelegde drijfveren. Zoals beloning, erkenning of straf. Dit wordt *extrinsieke* motivatie genoemd.

Instrumentele en waarde gedreven motieven worden in het volgend schema gerelateerd aan intrinsieke en extrinsieke motieven.

Persoonlijke Motieven	Intrinsiek Motieven in zichzelf	Extrinsiek Motieven uit de omgeving
Instrumenteel: Wat heb ik er persoonlijk aan	Motivatie door persoonlijke belangstelling voor de activiteit zelf, bijvoorbeeld door nieuwsgierigheid, plezier, persoonlijk gevoel van uitdaging, prestatiedrang, rancune, enz.	Motivatie door persoonlijke gevolgen van de activiteit zoals beloningen of sancties bijvoorbeeld door geld, beoordeling, status, behoud van eigen baan, gezondheid, lijfstraf, erkenning, enz.
Waarde gedreven: Is het rechtvaardig, gepast of ethisch	Motivatie door betrokkenheid bij de activiteit bijvoorbeeld door verantwoordelijkheidsgevoel, medelijden, solidariteit, roeping, enz.	Motivatie door gevolgen van de activiteit voor de groep of organisatie zoals gezondheid, milieu, werkgelegenheid, efficiency, kostenbesparing, belang van collega's, enz.

Tabel 1. Persoonlijke motieven

2.3   Sociale motieven om samen te werken

Samenwerking aangaan is een eerste stap maar hoe blijf je samenwerken totdat je het doel van de samenwerking hebt bereikt? In andere woorden; Wat drijft mensen, eenmaal in een groep, om te blijven samenwerken en de groep te helpen? Tyler geeft aan dat dit heeft te maken met een drietal *sociale motieven*. Sociale motieven onderbouwen de motieven van de groep om te blijven samenwerken.

- **Volg de leider.** De autoriteit wordt door de deelnemers als juist en rechtvaardig gezien (procedural justice). Voorbeelden zijn het volgen van een goeroe of geestelijk leider of het af gaan op iemands positieve reputatie. Dit is een motief dat in de westerse maatschappij steeds minder voorkomt omdat mensen zich steeds minder laten leiden door respect voor het ambt of de positie van een persoon en steeds meer kijken naar wat iemand daadwerkelijk presteert. Daarnaast zijn we beter opgeleid dan vroeger, zijn we mondiger en durven we vaker uit te komen voor onze eigen mening. Denk hierbij ook aan de afnemende macht van de kerken en het verkiezen van iconen als Nelson Mandela en Ghandi.

- **Bevoorrechte behandeling.** De autoriteit geeft zijn deelnemers een bevoorrechte behandeling (quality of treatment). Een voorbeeld is de situatie in landen waar het lid zijn van een machthebbende partij veel persoonlijke voordelen kan opleveren, zoals het was onder de voormalige communistische regimes in Oost Europa.

- **Er bij horen.** Het samenwerken geeft deelnemers het gevoel bij de groep te horen en levert de bijbehorende status op (social identity). Voorbeeld is de keuze tussen opties voor kopen van een appartement, bouwen van een eigen huis, of bouwen van een eigen straat met de hele buurt. Het werken bij een bepaald gerenommeerd (elitair) bedrijf kan ook als voorbeeld gelden. Ander voorbeeld is het deelnemen aan een bepaalde beroepsgroep zoals die van rechters of artsen. Maar ook het aansluiten bij en geaccepteerd worden door straatbendes of groepen van voetbalhooligans.

In het schema hierna zijn de genoemde sociale motieven of groepsmotieven afgezet tegen de intrinsieke en extrinsieke motivatie van individuen.

Sociale motieven	Intrinsiek Motieven in zichzelf	Extrinsiek Motieven uit de omgeving
Volg de leider	De autoriteit wordt door de deelnemers als juist en rechtvaardig gezien	Autoriteit of omstandigheden dwingen mensen deel te nemen aan een systeem
Bevoorrechte behandeling	Bij de groep horen geeft deelnemers het gevoel bevoorrecht te zijn	Samenwerken levert deelnemers materiele voordelen op
Er bij horen	Samenwerken geeft deelnemers het gevoel bij de groep te horen	Samenwerken levert deelnemers status op

Tabel 2. Sociale motieven

2.4   Groepscoördinatie

Hoe zorgt men ervoor dat de groep zijn doelen bereikt? Dat de samenwerking zoals wij die gedefinieerd hebben in het vorige hoofdstuk effectief is?
Tyler zegt vanuit zijn sociaal psychologische invalshoek: Als mensen voor uitdagingen komen te staan die samenwerking vereisen, creëren of erkennen zij een autoriteit of overkoepelend orgaan om de samenwerking te leiden. Het coördineren van de samenwerking binnen de groep is altijd aanwezig in elke vorm van doelgerichte samenwerking. Binnen organisaties en netwerken heeft deze coördinatie als doel schaarse middelen te verdelen en activiteiten te coördineren. Bijvoorbeeld de leider die de taken coördineert of de discussie groep moderator die blogs en reacties daarop beoordeelt en coördineert. De sociale motieven van de groepsleden zijn de drijfveren die ervoor zorgen dat de samenwerking binnen de groep aanhoudt en niet uit elkaar valt. Welke sociale redenen mensen ook hebben om deel te nemen aan een groep, ze zullen zich hier altijd bewust of onbewust bij afvragen: Help ik mijzelf door anderen te helpen?

Alleen zeggen dat mensen moeten samenwerken is niet voldoende. Door in te spelen op de motieven van mensen om samen te werken kunnen mensen gemotiveerd worden en blijven.

- *Persoonlijke en waarde gedreven motieven als 'wat heb ik er persoonlijk aan' en 'is het rechtvaardig, ethisch, eerlijk' bepalen of mensen samenwerking met elkaar aangaan.*
- *Sociale motieven als 'er bij willen horen', 'de leider willen volgen' en 'een bevoorrechte behandeling' door het horen bij de groep bepalen of mensen op de lange termijn blijven samenwerken*
- *Om samenwerking te coördineren zullen mensen een autoriteit, leider of coördinator erkennen die schaarse middelen verdeelt en de activiteiten coördineert. Dit is een sociaal psychologisch mechanisme dat hoort bij mensen die doelgericht samenwerken.*

Verhaal – Inspirerend verbetertraject
Servicedesk, van zijspoor tot frontlinie

In 2005 werd de interne servicedesk van verzekeringsmaatschappij Interpolis als één van de drie beste servicedesks van Nederland genomineerd voor de IIR Service Desk award.

Twee jaar daarvoor werd Pauline als manager van de servicedesk aangesteld met een opdracht die onmogelijk leek. Namelijk het aanzienlijk verbeteren van de servicedesk zodat die een belangrijke rol in het vraag en aanbodspel van ICT en faciliteiten zou kunnen vervullen.

Binnen de organisatie van Interpolis was werken bij de servicedesk bijna het slechtste dat je kon overkomen. Binnen het bedrijf werd het gezien als een zijspoor waarop de kneusjes of moeilijke gevallen uitgerangeerd werden. Geen wonder dat de prestaties van de servicedesk bedroevend waren. Iedereen twijfelde aan zichzelf en vooral aan het team. Men faalde in samenwerking en klantgerichtheid.

Pauline kwam binnen en plaatste zich letterlijk en figuurlijk tussen de mensen. Wat motiveert je? Wat wil je doen? Wat wil je leren? Wat vind je goed aan je collega? Welke obstakels kan ik voor je opruimen? Dit waren de vragen die zij stelde. Vertrouwen was de eerste stap.

Na verloop van tijd vroeg Pauline aan de mensen om elkaar over hun werkzaamheden te vertellen, welke aanpak ze volgden, wat goed ging en welke problemen ze tegen kwamen. Voor het eerst wisten de mensen van de servicedesk waar hun collega's mee bezig waren. Met het nieuw ontstane vertrouwen gingen de mensen elkaar helpen. Ze gingen samenwerken.

De volgende stap was vrijheid in combinatie met klantgerichtheid. Zelf bepalen hoe en waar je je werkt doet als het maar leidt tot tevreden klanten en collega's. Eigen initiatief en open communicatie in teamverband zou maximale resultaten opleveren. Dat werd de overtuiging.

Echter, met de vrijheid waren ook regels nodig. Dit was een kwetsbaar element in het geheel omdat mensen tot voor kort, regels zagen als onderdrukkend. Uitdaging was om mensen zelf regels te laten formuleren en motiveren. Het motto was: Regels zijn er om ons te helpen beter ons werk te doen. Dit lukte.

Meetbaarheid van de resultaten was een belangrijk aspect van het proces. Tijdens het verbeterproces van de servicedesk werden direct positieve effecten meetbaar. Klanttevredenheid ging alleen al door motivatie – en daardoor vriendelijkheid – van de medewerkers met sprongen omhoog. Al gauw volgden harde cijfers over succesvolle afhandeling van calls, oplostijden en kwaliteit van de oplossingen.

Na verloop van tijd besloot Pauline om successen nadrukkelijk te communiceren binnen het bedrijf. Hierdoor werden de servicedesk medewerkers aangesproken op hun collectieve successen. Waardering werd uitgesproken vanuit bedrijfsonderdelen die voorheen alleen maar klaagden.

De nominatie voor de beste servicedesk van Nederland werd gezien als een groot succes die de betrokkenen vervulden met trots. De zelfde mensen die twee jaar daarvoor nog gezien werden als kneusjes van het bedrijf en daardoor een onverschillige houding hadden. Het was een mijlpaal. Niet het sluitstuk want men had geleerd dat samenwerken niet vanzelf gaat. Men moet er aan blijven werken.

Naar het hoofdstuk 'servicedesk, van zijspoor tot frontlinie' in IT Service Management Best Practices Deel 3 (2006), Van Haren Publishing, geschreven door Pauline Y. Burer en Jan F. Bouman, co-auteur van dit boek.

"In the long history of humankind (and animal kind, too) those who learned to collaborate and improvise most effectively have prevailed"

Charles Darwin

Hoofdstuk 3.   Verleden en toekomst van samenwerking

Als auteurs van dit boek vinden wij het belangrijk om de geschiedenis van samenwerking te behandelen omdat het de mens in de context van zijn ontwikkeling als sociaal wezen plaatst. Deze ontwikkeling is bepalend voor de reden waarom en de wijze waarop mensen samenwerken. Dit helpt om te begrijpen welke manieren van samenwerking in welke situaties het meest effectief zijn.

3.1   Mammoetjagers

Toen onze voorouders in het late pleistoceen op de koude steppen van Europa, Azië en Amerika op de mammoet joegen, werkten zij samen. Een individuele jager had geen schijn van kans maar samen konden zij zorgen voor eiwitrijke voeding voor de hele groep. Samenwerken is een ingebouwde
overlevingsstrategie van mensen en is daarmee zou oud als de mensheid zelf. Overigens is samenwerking tijdens de jacht niet voorbehouden aan mensen. Wolven en andere diersoorten doen het ook. Misschien wel de meest gelezen én tot de verbeelding sprekende beschrijving van een mammoetjacht, is die van Jean M. Auel, auteur van de boekenserie 'The Earth Children (Stam van de holenbeer)', die haar boeken baseerde op uitgebreid onderzoek van prehistorische

levenswijzen, gecombineerd met romantiek en speculatieve fictie [4]. In 'The Mammoth Hunters (De mammoetjagers)' [3], het derde boek van haar serie beschrijft zij de jacht op beeldende wijze. Samenwerken, plannen, coördineren en improviseren komen voor in dit verhaal.

Auel beschrijft dat de mammoetjagers inzagen dat ze weinig tijd hadden. De dieren konden verder trekken naar een minder gunstige plek of het weer kon omslaan. Er werden jachtleiders aangesteld die met hun groepen gingen overleggen. Verkenners werden uitgestuurd om het terrein te onderzoeken. Uitdaging was om de mammoeten in één richting te laten bewegen zodat ze in de fuik van een gletsjerwand zouden lopen en geen kant meer op konden. Vuur was het antwoord. Met een dozijn fakkels van droog gras en mammoetmest, dreven jagers de dieren in de gewenste richting. Dat was niet eenvoudig omdat het vuur in een groot gebied en in de juiste volgorde moest worden aangestoken. Uiteindelijk brak er een mammoet uit waarbij de hoofdpersoon van het verhaal bijna verongelukte door de woede van een uitzinnig dier.

3.2 Small World Networks

Archeologische vondsten uit het neolithicum, een periode van technische en sociale veranderingen in prehistorische samenlevingen, tonen gebruiksvoorwerpen die soms duizenden kilometers verwijderd zijn van hun oorsprong. Er zijn bewerkte schelpen gevonden in de Rijndelta, afkomstig van de Zwarte Zee. Onderzoekers verklaren dit met de netwerken waarin prehistorische mensen leefden. Alexander Bently en Herbert Maschner noemen in hun beschrijving van de complexiteitstheorie [5] de zogenaamde Small World Networks van mensen die elkaar kenden en die meestal in stamverband leefden. Deze netwerken waren samenwerkingsverbanden tussen mensen, gebaseerd op familiebanden en gemeenschappelijk belang. De netwerken van individuen overlapten elkaar niet volledig en zodoende ontstonden er aan elkaar gekoppelde Small World Networks die mensen over afstanden van duizenden kilometers met elkaar in verbinding bracht, inclusief handelaren die per kano hun waren transporteerden over lange rivieren zoals de Donau en de Rijn.

Overleven in een weerbarstig klimaat en met overal roofdieren op de loer, was voor de prehistorische mens reden om samen te werken. Het was zelfs noodzaak en dat is het altijd gebleven. Die samenwerking uitte zich onder andere in de jacht en de handel.

Ook de Europese middeleeuwen kenmerkten zich door samenwerking. In feite week het handelspatroon van de rurale samenleving niet veel af van die van de prehistorie. De 'extended families', samenlevingsverbanden van verwanten, waren de Small World Networks die met elkaar in verbinding stonden.

Moderne sociale media waarin het aanknopen van contacten tussen deelnemers (friends, connections) belangrijk is, werken ook met het principe van koppelen van Small Word Networks, waardoor via aan aantal persoonlijke netwerken een potentieel bereik van miljoenen deelnemers bestaat.

3.3 Leger, adel, geestelijkheid en burgerij

In de legers van de laat-Romeinse tijd – vanaf de derde eeuw – ontstonden samenwerkingsverbanden die zich kenmerken door top-down besturing. Voor die tijd bestonden de Romeinse legers meestal uit aparte onderdelen die per onderworpen volk georganiseerd werden, elk met hun eigen krijgsgewoonten [6]. De vorming van deze legers met top-down besturing beperkte zich echter tot de lagere officiersrangen en het voetvolk. Een situatie die na de Romeinse periode in Europa tot de 20^e eeuw zou aanhouden. Tot de voorlaatste eeuwwisseling ging men er van uit dat mensen van adel aangeboren militaire leiderskwaliteiten hadden en het vullen van de hogere officiersrangen bleef een kwestie van zich inkopen en van netwerken.

In de vroege middeleeuwen kwamen in Europa, adel en geestelijkheid op. De adel bestond uit geslachten die zich kenmerkten door bezit en macht die door middel van geboorterecht werd doorgegeven. Het was bij uitstek een complex van netwerken die zichzelf beschermde en in stand hield. Het hebben van de juiste contacten – vooral met de hogere adel – en het kunnen organiseren van invloed was alles bepalend. De geestelijkheid had een hiërarchische structuur van paus, patriarchen en bisschoppen. Op het eerste gezicht, vanwege de hiërarchie, leek het een organisatie met een top-down structuur. Echter, die structuur was maar een dun vernislaagje over een complex van netwerken waarin het vooral om de contacten ging. Zowel bij adel als geestelijkheid was wie men kende en op wie men invloed kon uitoefenen, essentieel.

Met de vorming van steden in de late middeleeuwen kwam de burgerij op. Mensen woonden op een relatief kleine oppervlakte bij elkaar en men ging zich specialiseren. Mensen gingen doen waar ze het beste in waren en de gemeenschap profiteerde daarvan. Beroepen zoals pottenbakker, wagenmaker, smid, timmerman en touwslager werden belangrijk voor de samenleving. Binnen deze beroepsgroepen ging men samenwerken en zo ontstonden gilden: netwerken van samenwerkende vaklui. Met deze gildenetwerken streefde men diverse doelen na zoals kwaliteitsborging, bescherming van de afzetmarkt, opleiding en verdeling van schaarse grondstoffen. Samenwerken en het hebben van de juiste contacten was ook hier bepalend voor persoonlijk en gezamenlijk succes.

3.4 Industriële revolutie en het Taylorisme

De industriële revolutie in Europa die vanaf het midden van de 18[e] eeuw in Engeland begon, had grote gevolgen voor samenwerking. Vaak wordt de Spinning Jenny aangehaald. Dit was een nieuw weefgetouw dat een aantal innovaties bevatte die, in combinatie met andere uitvindingen zoals de stoommachine, het maken van textiel veel sneller en efficiënter maakte dan voorheen.

Het sneller en efficiënter produceren bracht nieuwe logistieke uitdagingen vooral op het gebied van de aanvoer van halffabricaten en grondstoffen en afvoer van producten. Daarom werden weefgetouwen uit de sfeer van huisnijverheid gehaald en in grote aantallen bij elkaar gezet. Dit gold ook voor andere machines. Fabrieken ontstonden bij havens en verkeersknooppunten, daar waar men snel en goedkoop grondstoffen kon verzamelen en producten kon afvoeren. Fabrieken waren samenwerkingsverbanden die van bovenaf bestuurd werden en die strakke hiërarchie en discipline kenden. Sinds Romeinse legers de Europese volken onderwierpen had men zulke samenwerkingsverbanden nauwelijks meer gezien. Organisaties ontstonden.

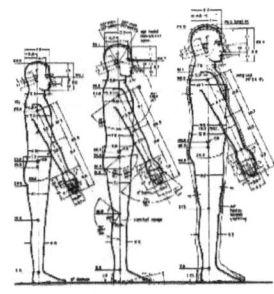

In de late 19e eeuw bedacht de Britse ingenieur Frederick Taylor (1856-1915) dat niet alleen de machines efficiënter konden werken maar ook de mensen, de arbeiders. Hij bestudeerde de bewegingen van arbeiders in het productieproces en schreef voor wat de meest efficiënte bewegingen waren om de productie sneller en beter te doen verlopen. Elke individuele benadering van productiemedewerkers werd uitgebannen. Mensen werden gereduceerd tot geprogrammeerde robots. Ondanks het feit dat Taylor ook nadruk legde op zaken als regelmatige pauzes en redelijke betaling van werkmensen, hebben zijn inzichten geleid tot veel onrust en stakingen. Het Taylorisme, zoals het genoemd werd, ging uit van de maximale efficiëntie van het individu en hield geen rekening met het creatief, sociaal en situationeel acteren van mensen in onverwachte situaties. Uiteindelijk kwam men in de 20^e eeuw tot de conclusie dat maximale efficiency op deze manier niet te bereiken is, omdat er altijd onverwachte gebeurtenissen optreden die menselijke creativiteit en aanpassingsvermogen nodig maken. Het Taylorisme hield geen rekening met creatieve samenwerking, het richtte zich vooral op de efficiëntie van het individu en op een op zichzelf en losstaande taak. Met het individu als onderdeel van de groep werd geen rekening gehouden. Taylor hield er geen rekening mee dat zelfs aan de lopende band er sprake is van samenwerking door te anticiperen op het gedrag van andere medewerkers links of rechts aan de productieband.

Na de jaren 20 van de vorige eeuw verloor het Taylorisme zijn meeste aanhangers. Sporen van het Taylorisme zijn nog steeds in ontwikkelingslanden te zien en in industrieën met massaproductie zoals de kleding-, elektronica- en vleesindustrie.

Charlie Chaplin liet in de film Modern Times uit 1936 een lopende band scene zien, getiteld Factory Work, waarin hij op onnavolgbare en humoristische wijze de gedachte van het Taylorisme illustreerde. Toen deze film geproduceerd werd hadden de meeste bedrijven in Europa en Amerika inmiddels afscheid genomen van het Taylorisme. De scene is onder andere op Youtube te zien.

3.5 Potentieel aan menselijke creativiteit

We zien dat ideeën van de verlichting, die aan de wortel stonden van de industriële revolutie van de 18e, 19e en eerste helft van de 20e eeuw in Europa en Amerika, uit gingen van maakbaarheid, efficiëntie en het uitbannen van alles wat (met de bestaande kennis) onvoorspelbaar is. Machines zorgden voor constante kwaliteit en snelheid en arbeiders moesten zich als robots aan voorgeschreven bewegingen houden. Het denken, ontdekken, inspireren en experimenteren was voorbehouden aan een kleine elite van minder dan 1% van de mensen. Het enorme potentieel aan menselijk creativiteit, dat voorheen verspreid was op het platteland, werd nu onderdrukt in de fabrieken en de steden. Negenennegentig procent van het menselijk potentieel werd niet benut omdat men uitging van het maakbare en het planbare, er werd geen rekening meer gehouden met onvoorspelbare elementen.

3.6 Afhankelijkheid van technologie

Na de tweede wereldoorlog werd door de komst van computers en het goedkoper worden van communicatie een nieuw tijdperk ingeluid. Een tijdperk waarin het belang van informatie enorm toenam ten opzichte van het fysieke productieproces. Kennis werd belangrijker dan menselijke arbeid.

Deze ontwikkeling is nu nog steeds gaande en wordt gedreven door technologische veranderingen. Wij kunnen ons moeilijk een wereld voorstellen zonder computers, telefoons en navigatie systemen terwijl deze hulpmiddelen kort geleden nog volledig ontbraken. Technologie speelt een grote rol in ons leven en wij worden er steeds afhankelijker van.

Wat betekent deze afhankelijkheid voor ons in de toekomst? De technologische ontwikkelingen zorgen ervoor dat maatschappelijke veranderingen steeds sneller gaan. Mensen denken al geruime tijd na over wat er gebeurt als mensen technologische ontwikkelingen niet meer kunnen bijhouden. Wat deze afhankelijk in de toekomst zou kunnen betekenen spreekt tot de verbeelding van velen.

3.7 Technologische singulariteit

De theorie van technologische singulariteit presenteert een negatief beeld over onze toekomst. Het bouwt verder op de wet van Moore, die zegt dat de rekenkracht van computers exponentieel groeit. Technologische singulariteit beweert dat er een moment zal zijn dat kunstmatige intelligentie, de intelligentie van de mens zal overtreffen.

Een wereld waarin niet de technologie de mens dient maar de mens de technologie. In 'The Coming Technological Singularity: How to Survive in the Post-Human Era' beschrijft Vernor Vinge [2] het schrikbeeld van de technologische singulariteit als volgt:

> *Als singulariteit niet kan worden voorkomen of beperkt, hoe erg kan het dan voor ons zijn in het post-menselijk tijdperk? Fysiek uitsterven van het menselijk ras is één mogelijkheid. Toch zou fysiek uitsterven niet de meest beangstigende mogelijkheid zijn. Denk aan de verschillende manieren waarop we ons verhouden tot dieren. In een post-menselijke wereld kunnen er genoeg niches zijn waar op mensen gebaseerde automaten wenselijk zijn. Bijvoorbeeld ingebedde menselijke modules in autonome apparaten. Zelfbewuste wezens als kleine onderdelen van grote invoelende systemen.*

De angst voor technologie die ver voor loopt op de mensheid, is een maatschappelijk gegeven. Dit blijkt ook uit het inspelen hierop door veel filmproducties en TV-series. Een bekend voorbeeld is de filmtrilogie The Matrix [24] waarin de mens gereduceerd is tot energiebron van een hogere, alles beheersend en controlerend IT-systeem en de opstand van de mens daartegen.

Intelligente technologie is niet iets van de toekomst. Het is er nu al. Voorbeeld is Wikipedia, gemaakt door en voor mensen die de pagina's zelf aanmaken, althans dat zou men denken. Een groot deel van de wikipagina's wordt gemaakt van inhoud voorzien door robots. Lsjbot is een voorbeeld van de Zweedse Wikipedia, die ongeveer de helft van alle pagina's heeft geschreven. Het schrijft vooral pagina's over dieren en is nu begonnen aan het schrijven over de plantenwereld. Dit soort robots worden ook al ingezet voor het schrijven van korte nieuwsberichten, bijvoorbeeld over beurskoersen. Deze systemen kunnen sneller en accurater dan mensen informatie verzamelen, structureren en produceren op basis van gegevens die op het internet te vinden zijn.

3.8 Leren door experimenteren

Er zijn anderen die positiever kijken naar technologische ontwikkelingen. Door de technologie verandert de wereld om ons heen zo snel dat leren, op de klassieke manier met trainingen en opleidingen, niet snel en effectief genoeg is. Op de oude manier kunnen veranderingen niet meer bijgehouden worden. Ook samenwerken wordt daardoor sterk beïnvloed. Kennis creëren en – delen, en daarmee leren is essentieel voor samenwerken zoals wij uitleggen in hoofdstuk 6.

Er is een moment in de tijd dat de snelheid waarmee alles verandert, groter is dan de snelheid waarmee mensen kunnen leren. Deze omslag wordt ook omschreven in de theorieën over technologische singulariteit, waarin technologie veel sneller veranderingen kunnen bijhouden dan mogelijk is voor mensen.

Eddie Obeng [7] heeft voor het moment in de tijd dat de snelheid waarmee alles verandert, groter is dan de snelheid waarmee men kan leren, de term *midnight* bedacht. In zijn visie 'Smart failure for a fast changing world' geeft hij aan dat vóór midnight mensen de veranderingen om zich heen nog georganiseerd konden bijbenen. Na midnight is dit alleen mogelijk door voortdurend te experimenten. De omgeving verandert zo snel dat de plannen die vorig jaar werden gemaakt nu niet meer van toepassing zijn. De technologische ontwikkelingen die hiermee gepaard gaan, gaan zo snel dat er een hoge mate van flexibiliteit van de organisatie en zijn medewerkers wordt gevraagd. Kennis die 3 jaar geleden van belang was, is nu niet meer relevant. Innovatie gaat door en wie niet bij blijft raakt achter. Alleen door flexibel te zijn en met verschillende mogelijkheden te experimenteren is het mogelijk om de veranderende wereld om ons heen bij te houden.

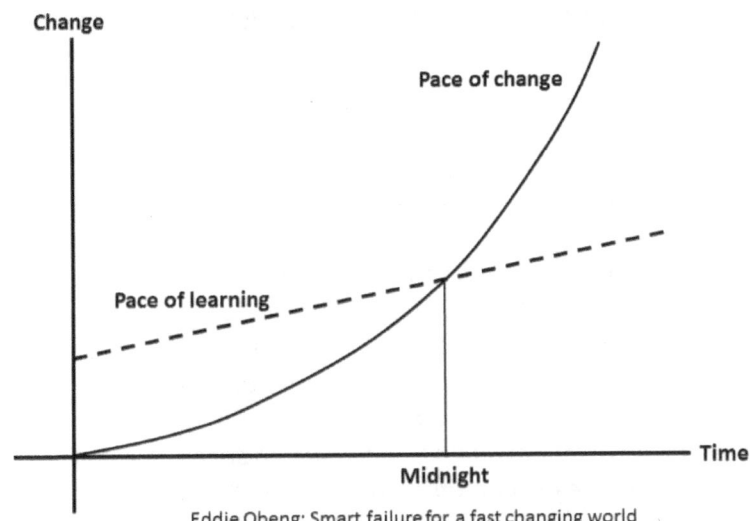

Eddie Obeng: Smart failure for a fast changing world

Na midnight dienen effectieve trainingen en opleidingen dus flexibel te zijn, in de praktijk ingebed en gebaseerd op experimenteren. Het uitproberen en onbevangen meedoen is de enige manier waarop we kunnen ontdekken hoe we ons voordeel kunnen doen met de snelle veranderingen.

	Tot nu toe	Vanaf nu (midnight)
Leren	Trainingen en opleidingen	Experimenteren
Samenwerken	In organisaties	In netwerken

Tabel 3. Midnight in relatie tot leren en samenwerken

Omdat we als individuen de snelheid van veranderingen om ons heen niet kunnen bijhouden is samenwerking van essentieel belang. Ontwikkelingen gaan zo snel dat volledige inhoudelijke kennis van wat er om ons heen gaande is niet meer mogelijk is. Door samen te werken met elkaar en kennis te bundelen is het mogelijk om te blijven innoveren en de competitie voor te blijven, waardoor we er op de lange termijn beter van worden. Het is niet de kennis van het individu die belangrijk is maar die van de groep. Mogelijkheden zoeken en creëren voor samenwerking om de kennis te bundelen zijn daarom van essentieel belang. De rol die kennis heeft bij samenwerking leggen we verder uit in hoofdstuk 6.

Vanuit het hier gegeven historisch perspectief wordt duidelijk waartoe samenwerking moet leiden. Namelijk het helpen organiseren van het potentieel aan creativiteit en aanpassingsvermogen die mensen – als creatieve en sociale wezens – gegeven is. De snelheid waarmee technologische veranderingen elkaar opvolgen is inmiddels zo snel dat alleen door voortdurend te experimenteren we als mensheid deze kunnen bijhouden.

- *Samenwerken combineert de drie belangrijkste aspecten van menselijke overleving en ontwikkeling; aanpassen, socialiseren en leren.*

Verhaal – Zorg in de frontlinie
Improviseren om te overleven

*In de jaren negentig had ik na haar overlijden het voorrecht
zaakwaarnemer te zijn van Ida Roosendaal. Alle spullen die waren
achtergebleven in haar huis gingen door mijn handen waaronder een
oud, soms bijna onleesbaar dagboek uit de tweede wereldoorlog.
Niemand had toen belangstelling en het werd opgeborgen in mijn
archief. In 2013 kwam ik het weer tegen. Ik raakte in de ban van het
verhaal en het lukte om een transcriptie te maken.*

*Het dagboek begint op 17 september 1944, de dag van de geallieerde
luchtlandingen bij Arnhem. Ida is dan 33 jaar oud. Kasteel Hemmen, het
huis waar ze woont en werkt, komt in de eerste dagen van het dagboek
in geallieerde handen maar de Duitsers blijven dichtbij. Granaten
komen overal neer en kogels vliegen haar om de oren. Aanvankelijk
geeft ze blijk van opwinding over de luchtlandingen waarvan ze
ooggetuige is. Al gauw wordt ze overspoeld door de zorg voor de aan
haar toevertrouwde oudjes en de enorme werkdruk en spanning die dit
met zich mee brengt. Er volgen zenuwslopende evacuaties.*

*Hoe verzorg je kwetsbare mensen midden in de frontlinie waar de
situatie per minuut verandert? Normaal gesproken is er sprake van
strikte discipline over het wat, wanneer, hoe en door wie taken moeten
worden uitgevoerd. Bovendien is duidelijk waar verantwoordelijkheden
en bevoegdheden liggen. Maar in deze oorlogsomstandigheden is dit
allemaal anders. Ida en haar collega's zijn genoodzaakt om te
improviseren en te experimenteren.*

*Elektriciteit en waterleiding is gestopt. Er is gebrek aan voedsel en
medicijnen. Aflossing door nieuwe, fitte collega's is onmogelijk
vanwege afsluiting van alle wegen. Er is voortdurend gevaar van
ontploffende granaten overal rond het huis. Er kloppen veel
vluchtelingen aan. Toch moeten de mensen eten, slapen en verzorgd
worden. Een citaat uit het dagboek:*

> *"Vandaag een ontzettende dag. Om half negen viel de eerste
> granaat en vernielde veel van onze ramen aan de kant van de
> moestuin. Alle mensen naar de kelder. Daarna ging ik met Lien*

naar 't logeergebouw waar ik het ontbijt zou verzorgen. Allen in paniekstemming. 't Kostte een deel van m'n stem om orde te scheppen en – voor zover mogelijk – rust. De invaliden brachten we tussen de buien door naar de kelder van 't Kasteel. Er waren scherven door de kamers, gelukkig waren juist alle mensen beneden, niemand werd getroffen. Telkens suisde een granaat, het was afschuwelijk. Juffrouw van den Heuvell zorgde er voor dat er toch warm eten was voor allen, een hele prestatie. Telkens komen er nog vluchtelingen, ik ben de tel kwijt. Hoe komen we uit deze hel, we worden er doodmoe van. Er is veel zwaar geschut bij gekomen, de ene knal na de andere vliegt over ons heen".

Ida en haar collega's steken de handen uit de mouwen. Ze offeren zichzelf, hun gezondheid en veiligheid, op aan het belang van de mensen die aan hun zijn toevertrouwd. Als het geweld om hun heen even is geluwd vallen zij terug in de oude structuren van planning en hiërarchie. Echter meestal is het chaos om hen heen en verandert de situatie per minuut. Ook tijdens de evacuaties gaat niets volgens plan. Alle zichtbare planning en hiërarchie verdwijnt en er wordt door iedereen geïmproviseerd, althans door de mensen die het kunnen volhouden.

Er worden contacten met geallieerde soldaten gelegd om aan voedsel en brandstof te komen. Ook voor informatie over waar het wel en niet veilig is. Transport worden georganiseerd. Ongebruikte schoolgebouwen worden omgetoverd tot basale verzorgingshuizen. Wc's worden gerepareerd. Water wordt uit de grond gepompt. Overlevingsinstinct drijft Ida en haar collega's om alles te doen wat nodig is voor bescherming van de mensen. Uiteindelijk, als na de evacuaties de mensen in relatieve veiligheid zijn, stort Ida zelf in.

Een bijzonder verhaal over samenwerking in tijden dat niets om ons heen zeker is. Alleen het doel dat we nastreven ligt vast. In Ida's geval: Overleven van de mensen die aan haar zijn toevertrouwd.

http://www.amazon.com/ Zoek op woorden: Ida Roosendaal.
Het dagboek is door Jan Bouman uitgegeven in het Engels en het Nederlands.

"No one can whistle a symphony. It takes a whole orchestra to play it"

H.E. Luccock

Hoofdstuk 4.   Structuren en vormen voor samenwerken

In hoofdstuk 3 werd duidelijk dat netwerken zo oud zijn als de mensheid en dat organisaties relatief nieuw zijn. In dit hoofdstuk gaan we in op wat minimaal nodig is om samen te werken binnen organisaties en netwerken als samenwerkingsstructuren en vervolgens de verschillende vormen van samenwerking die wij onderscheiden.

4.1   Practice, proces & potential als basis voor samenwerking

Door samenwerken behalen mensen voordelen, als soort, als groep en als individu. Echter, samenwerking heeft altijd een zekere mate van organisatie en coördinatie nodig als het gaat om planning van activiteiten en verdelen van middelen (resources). Wat is er minimaal nodig om samenwerking succesvol te laten zijn?

Sampson [13] geeft aan in zijn boek 'Collaboration Roadmap', dat er altijd drie voorwaarden zijn om samenwerking succesvol te laten zijn. Namelijk:

1. Practice. Er moet aan een aantal menselijke basisvoorwaarden worden voldaan zoals de wil om samen te werken, bereidheid om constructief om te gaan met meningsverschillen, vertrouwen in elkaar, respect voor elkaar en een open houding jegens elkaar.
2. Process. Er moeten afspraken gemaakt zijn hoe er wordt samengewerkt. Bijvoorbeeld de volgorde van activiteiten, prioriteiten, wijzen van communiceren, hoe beslissingen tot stand komen, hoe resultaten getoetst worden en wie wat doet.
3. Potential. Het moet duidelijk zijn voor de groep waarom samenwerken meer oplevert dan als iedereen individueel zijn werk

doet zonder samenwerken. De potentie voor samenwerking moet bekend zijn.

Elke specifieke situatie kan om verschillende structuren of vormen van samenwerken vragen.

Als wij deze drie voorwaarden toepassen op het oorlogsverhaal over Ida Roosendaal dat vóór dit hoofdstuk is beschreven, kloppen deze drie voorwaarden dan nog? 'Practice' en 'potential' herkennen wij terug in het verhaal maar geldt dat ook voor 'process'? In extreme situaties waarin de omgeving veranderlijk en onvoorspelbaar is, blijken mensen voor veel handelingen terug te vallen op routines. Zij voeren geconditioneerde handelingen uit, zaken die zij geleerd hebben, welke gecombineerd worden met improvisatie. Die routines vallen onder basisvoorwaarde 'process' van Michael Sampson. Dit maakt het voor ervaren mensen mogelijk om in extreme situaties veel noodzakelijke handelingen automatisch te verrichten waardoor er ruimte en aandacht voor improvisatie ontstaat bij nieuwe en onverwachte gebeurtenissen.

4.2   Organisaties of netwerken?

De Amerikaanse visionair en spreker Clay Shirky zegt in zijn TED Talk Institutions vs Collaboration [10] dat organisaties samenwerking minder effectief maken door zich af te schermen en door strikte gedragsregels op te leggen. Ontoegankelijkheid voor buitenstaanders houdt vernieuwing tegen. Het oprichten van een organisatie (of een institutie) was tot voor kort de meest voor de hand liggende manier om het werk van een team te coördineren en de communicatie te borgen, zodanig dat er een waardevolle uitkomst uit kwam.

Tyler zegt vanuit zijn sociaal psychologische invalshoek: Als mensen voor uitdagingen komen te staan die samenwerking vereisen, zij een autoriteit of overkoepelend orgaan creëren om de samenwerking te leiden (zie hoofdstuk 2). Het creëren van organisaties of instituties is dus niet alleen verklaarbaar vanuit economische overwegingen. Het is ook een sociaal psychologische reflex van mensen.

Echter, de geschiedenis leert dat organisaties in hun regels en afscherming kunnen doorschieten zodat effectiviteit teniet gedaan

Waarom samenwerken werkt

wordt. In Hoofdstuk 3 beschreven wij die ervaringen aan de hand van het Taylorisme. In de 19[e] eeuw werd het menselijk creativiteit en aanpassingsvermogen sterk onderdrukt door nieuw ontstane organisaties (fabrieken). Men had het idee dat door alles tot in de grootst mogelijke details van te voren te plannen en te structureren, men maximaal haalbare efficiency en productiviteit kon bereiken. Het aspect 'process' voerde hier de boventoon en er was geen balans met 'practice' en 'potential'. Uiteindelijk kwam men in de 20[e] eeuw tot de conclusie dat maximale efficiency op deze manier niet te bereiken is omdat er altijd onverwachte gebeurtenissen optreden die menselijke creativiteit en aanpassingsvermogen nodig maken.

De kosten van communicatie zijn zo laag geworden dat andere – relatief nieuwe – manieren van samenwerking konden ontstaan. We denken hierbij aan het internet en de sociale media. Shirky geeft aan dat het creëren van metagegevens hierbij een belangrijke rol speelt. Het gebruik van metagegevens wordt ook wel *tagging* of *labelling* genoemd. Er is meer informatie via tagging beschikbaar dan een organisatie ooit zou kunnen verzamelen. De structuur, waar anders een organisatie voor nodig zou zijn, is als het ware ingebouwd in het netwerk. Men kan de mensen daar laten waar ze zijn. De klassieke gedachte van organisatie waarbij men alle kennis onder één dak verenigt om efficiënter te zijn, is in deze tijd niet meer van toepassing. Men hoeft niet meer fysiek of virtueel binnen het afgeschermde kader van een organisatie of een besloten netwerk te zijn waardoor organisaties overbodig worden.

Bovendien kan een organisatie niet iedereen inhuren en men zal dus mensen moeten uitsluiten die wel een zinvolle bijdrage zouden kunnen leveren. Deze buitenstaanders worden wel bereikt door het openbaar maken van informatie en tagging van interne gegevens. Openheid ten aanzien van toegang tot informatie is daarbij, aldus Shirky, een belangrijke voorwaarde voor effectieve samenwerking. Met andere woorden, niet de organisatie maar het netwerk is de structuur dat samenwerking mogelijk maakt. Keuze van de juiste metagegevens is hierbij een aandachtspunt omdat het gevaar van – in metagegevens vertaalde – tunnelvisie (groupthink) van de aanbieder van informatie op de loer ligt.

4.3 Organisaties en netwerken: oud en nieuw?

De invalshoek van Shirky lijkt te duiden op een visie dat organisaties steeds meer plaats maken voor netwerken en dat organisaties oud zijn en netwerken nieuw. Vanuit het historisch perspectief gegeven in hoofdstuk 3 is dit onjuist. Netwerken zijn zo oud als de mensheid. Netwerken zijn een uiting van het sociale karakter van de mensheid in combinatie met de uitdagingen waarvoor ze gesteld worden.

Volgens ons zijn organisaties, vooral opgekomen in de laatste 200 jaren, structuren om onder bepaalde voorwaarden het bereiken van gezamenlijke doelen haalbaar te maken. Hiërarchische organisaties zijn tijdelijke werkvormen die in de 19e en 20e eeuw, van de industriële revolutie tot de informatierevolutie, zeer effectief waren. En in veel situaties geldt dit anno 2015 nog steeds. Echter, door moderne communicatietechnologie worden de voordelen van de hiërarchische structuur vaak teniet gedaan en vervangen door niet-hiërarchische structuren die meer lijken op netwerken.

4.4 Organizational Network Analysis (ONA)

In de praktijk komen netwerken en organisaties in combinatie met elkaar voor. Elke organisatie van enige omvang beschikt – los van de lijnen van de hiërarchie – over interne netwerken van mensen die informatie uitwisselen, die met elkaar communiceren of die een klik met elkaar hebben.

Interessant in dit verband is de zogenaamde Organizational Network Analysis (ONA). Dit is een methode om netwerken binnen organisaties in kaart te brengen [11] [12]. Het gaat hierbij om onderzoek van de relaties tussen mensen binnen een organisatie en van het belang van die relaties. In een klassiek hiërarchisch schema van een organisatie wordt de indruk gewekt dat de persoon bovenaan, waar alle lijnen samenkomen, het meest belangrijk is. Echter, uit een Organizational Network Analysis kan blijken dat een ander persoon middelpunt van communicatie en beïnvloeding is.

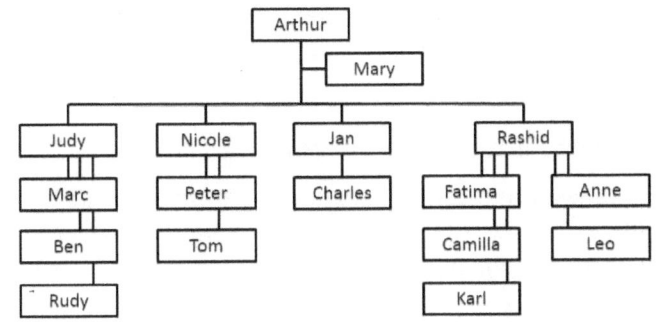

Klassiek hiërarchisch schema

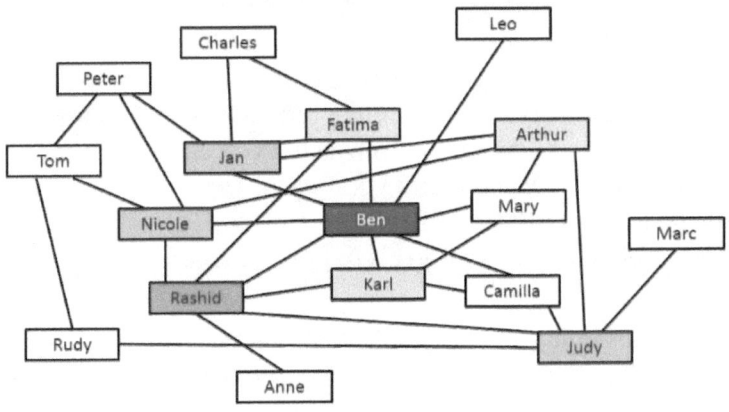

ONA schema

De grote baas staat meestal op te veel afstand van de (mensen binnen de) organisatie om spil te zijn van de organisatie. Hoe mondiger de medewerkers zijn en hoe kennisintensiever het werk is, des te bepalender het informeel netwerk in de organisatie is voor het bereiken van resultaten. Dit effect kan gerelateerd worden aan de vormen van samenwerking van Magdaleno c.s. die in paragraaf 4.7 worden gepresenteerd. Naarmate de organisatie verder in het daar gepresenteerde model functioneert, des te sterker is het effect van zo'n informeel netwerk binnen de organisatie.

Vaak zal het informeel netwerk binnen de organisatie functioneren als smeerolie waardoor er een positief effect is op de te bereiken resultaten. Echter als informeel netwerk en organisatie van elkaar afwijkende doelstellingen hebben dan kan het netwerk juist functioneren als zand in het raderwerk van de organisatie.

4.5 Oude en nieuwe netwerken

De netwerken van mensen binnen een organisatie, zoals gepresenteerd in de vorige paragraaf over Organizational Network Analysis heeft duidelijk het karakter van een oud – of beter gezegd klassiek – netwerk. Het gaat meestal om mensen die elkaar fysiek ontmoeten en die elkaar met al hun zintuigen kunnen ervaren. Deze netwerken bestaan zolang de mensheid bestaat.

Technologie en de komst van het internet hebben fysieke afstand minder relevant gemaakt dan hiervoor. In de nieuwe netwerken die hierdoor ontstaan is er steeds minder afhankelijkheid van fysiek contact. De manier waarop mensen zich organiseren en samenwerken is met behulp van sociale media veranderd. Technologie is een aanvulling geworden op de beperkingen die we in ons dagelijkse fysieke wereld kunnen ervaren als het gaat om communicatie op afstand.

Echter, bij technologie die bedoeld is om samenwerking te faciliteren zien we dat *het werk dat moet gebeuren* uitgangspunt is en niet de samenwerkende mens. In dit boek geven wij aan dat er in de technologie, ofwel digitale tools, meer balans tussen de mens, zijn werk en zijn doelen moet zijn. De uitdaging voor de toekomst is steeds beter aan te sluiten op de aard van de mens als soort en sociaal wezen. Hierover meer in de laatste hoofdstukken.

4.6 Vormen van samenwerken

In volgende paragrafen gaan we verder in op organisaties en netwerken en de verschillende vormen van samenwerking die daarin te vinden zijn. Deze vormen en de bijbehorende kenmerken en aspecten toetsen we vervolgens aan de eisen die worden gesteld aan samenwerking.

Zoals in de vorige hoofdstukken onderbouwd gaan wij bij samenwerking uit van de volgende definitie:

Mensen die op elkaar afgestemde activiteiten uitvoeren om een
gezamenlijk doel te bereiken. Van deze mensen wordt verwacht
dat op eigen initiatief kennis of vaardigheden worden
gecombineerd, met als doel een resultaat te leveren dat meer
waarde oplevert dan dat door één individu kan worden
opgeleverd.

In een omgeving waar veranderingen zo snel gaan dat traditionele manieren van leren en kennis delen niet meer voldoen is er sprake van een nieuwe dimensie aan samenwerking. In de periode na midnight volgens Eddie Obeng (zie hoofdstuk 3), wordt het volgend kenmerk aan samenwerking toegevoegd.

De deelnemers kunnen experimenteren binnen de groep om tot
steeds betere resultaten te komen

Om de verschillende vormen van samenwerking aan te geven, beschrijven we hierna de modellen van Andrea Magdaleno en Michael Sampson over samenwerkingsvormen.

4.7   Gepland, bewust en reflectief samenwerken

Andrea Magdaleno c.s. [14] presenteert vier vormen van samenwerking die zich van elkaar onderscheiden door de aspecten: communicatie, leiding (wijze van aansturing), kennis (of: memory) en bewustzijn (awareness). Dit model is gebaseerd op de fasen van het zogenaamde Capability Maturity Model (CMM), een generiek model dat volwassenheidsfasen beschrijft dat meestal gebruikt wordt bij de organisatie (en professionaliteit) van softwareontwikkeling.

Het model van Magdaleno c.s. wordt een volwassenheidsmodel genoemd waardoor de suggestie wordt gewekt dat altijd naar een hoger volwassenheidsniveau moet worden gestreefd. In de praktijk wordt altijd een keuze gemaakt voor de vorm van samenwerking die het meest geschikt is voor het doel, de situatie en de omgeving. De volgende vormen van samenwerking worden onderscheiden.

1. **Ad Hoc**. Iedereen werkt ongecoördineerd en bepaalt zelf wat hij of zij doet. Er is geen sprake van een gezamenlijk doel.

2. **Gepland**. Er is sprake van iemand die het werk van anderen coördineert en organiseert om naar een gezamenlijk doel toe te werken. De uitvoerders van de individuele taken hebben geen contact met elkaar over onderlinge aansluiting van taken en resultaten en hoeven zich niet bewust te zijn van een gezamenlijk doel.
3. **Bewust**. Er is sprake van een gezamenlijk doel waar iedereen zich van bewust is. De uitvoerders van de individuele taken overleggen met elkaar over een optimale aansluiten van de taken op elkaar. Vaak is er ook sprake van een coördinator om het proces van overleg en aansluiting op elkaar te organiseren.
4. **Reflectief**. Er is sprake van voortdurende reflectie van elkaars taken en resultaten. Deelnemers stimuleren elkaar en dagen elkaar uit om beter te presteren. Er is wel ruimte voor specialisatie maar dan altijd in een kader van gezamenlijke verantwoordelijkheid. Er is ruimte voor nieuwe inzichten en resultaten die niet van te voren in te schatten waren. Leiding is faciliterend voor het creatief proces.

Werkwijze	Communicatie	Leiding	Kennisdeling	Bewustzijn
1. Ad Hoc	Geen planning van communicatie	Geen	Geen kennisdeling	Geen bewustzijn van gezamenlijkheid
2. Gepland	Planning van communicatie	Plannen van het proces	Alleen kennisdeling op eigen gebied. Geen kenniscreatie.	Sociale bewustzijn
3. Bewust	Informatie delen	Volgen van het proces	Vooral kennisdeling op eigen gebied. Beperkte kenniscreatie door contact met andere gebieden.	Proces bewustzijn
4. Reflectief	Gezamenlijk besluiten nemen	Evalueren van het proces	Impliciete kennisdeling. Kenniscreatie.	Bewuste samenwerking

Tabel 4. Vormen van samenwerking (Magdaleno c.s.)

Waarom samenwerken werkt

Organisaties en netwerken kunnen voor verschillende taken specifieke niveaus van samenwerking aangaan. Soms is niveau 2 (gepland) uit dit model het gewenste niveau. Denk bijvoorbeeld aan een moderne assemblagefabriek voor auto's. De actoren zijn robots – vroeger lopende-bandwerkers – die precies het werk doen waartoe ze geprogrammeerd zijn. Zie hiervoor het in hoofdstuk 3 beschreven Taylorisme waarin mensen gereduceerd werden tot geprogrammeerde robots. In andere situaties zijn de actoren mensen die een ambacht uitoefenen. Veel overheidsinstanties in Nederland proberen de transitie van niveau 2 (gepland) naar niveau 3 (bewust) te doorlopen. Reden is dat recente wetgeving de overheid verplicht één loket te bieden voor bijvoorbeeld verschillende typen vergunning of diverse maatschappelijke ondersteuningsvragen. De overheid wordt daardoor gedwongen de coördinatie tussen loketten goed te organiseren. Voor die tijd was de coördinatie vaak gebrekkig waardoor de burger een probleem had. Niveau 4 (reflectief) is nodig waar een interactief samenwerkingsproces nodig is. Voorbeeld daarvan is het ontwikkelen van Open Source toepassingen. Ook zien we deze vorm van samenwerken vaak bij wetenschappelijke projecten en creatieve producties. Het tot stand komen van dit boek is een schoolvoorbeeld van een reflectief proces van samenwerking tussen auteurs en reviewers.

4.8   Patronen van samenwerking

Michael Sampson gebruikt in zijn boek 'Collaboration Roadmap' [13] een vergelijkbare indeling vanuit andere invalshoeken. Zijn criteria zijn (1) de mate waarin deelnemers zelf de beoogde uitkomst van de samenwerking bepalen én (2) of zij de werkwijze bepalen. Hij definieert vijf patronen van samenwerking waarvan alleen bij de laatste drie sprake is van *collaboration* in de zin van paragraaf 4.1: Practice, process & potential.

Patroon	Omschrijving	Deelnemers bepalen de uitkomst	Deelnemers bepalen de werkwijze
Patroon 1: Doen wat de baas je opdraagt (geen collaboration)	Deelnemers hebben geen stem in het definiëren van de uitkomst. Ook de werkwijze is voorgeschreven. Deelnemers werken alleen en later worden door anderen hun individuele resultaten gecombineerd.	NEE	NEE
Patroon 2: Coöperatie (geen collaboration)	Deelnemers hebben geen stem in het definiëren van de uitkomst. Ook de werkwijze is voorgeschreven. Deelnemers moeten wel samenwerken omdat hun acties bijvoorbeeld volgtijdelijk moeten gebeuren. Snelheid, timing en acties worden op elkaar afgestemd.	NEE	NEE
Patroon 3: Gedelegeerde samenwerking (collaboration)	Deelnemers hebben geen stem in het definiëren van de uitkomst. Deelnemers werken samen zoals in patroon 2 maar bepalen zelf de werkwijze. Vaak is dit nodig omdat speciale kennis of vaardigheden nodig zijn die alleen de individuele deelnemers bezitten.	NEE	JA
Patroon 4: Methodische samenwerking (collaboration)	De werkwijze is voorgeschreven met behulp van een van te voren vastgestelde methode, bijvoorbeeld de specifieke methode van het bedrijf. De deelnemers leveren terugkoppeling over de methode die moet leiden tot voortdurende verbetering.	NEE	JA
Patroon 5: Dynamische samenwerking (collaboration)	Deelnemers bepalen zowel uitkomst als werkwijze in een iteratieve aanpak, waarbij voortdurend (tussen)resultaten door deelnemers onderling worden geëvalueerd.	JA	JA

Tabel 5. Patronen van samenwerking (Sampson)

Het maakt volgens ons niet uit of samenwerking in een specifieke situatie gebeurt onder de vlag van een organisatie of een netwerk. Wij kijken naar de wijze waarop de samenwerking vorm gegeven wordt, niet naar het label dat er aan hangt. Organisaties en netwerken maken afspraken over vormen van samenwerking en de onderliggende afspraken rond practice, proces & potential. Wij kijken naar hoe die afspraken tot stand komen, hoe ze worden opgevolgd en nagekomen.

4.9 Cooporation, coordination en collaboration

In de Engelstalige literatuur komen we vaak de termen, *cooporation*, *coordination* en *collaboration* tegen. Blank c.s. [27] geven definities van de verschillen tussen deze begrippen op basis van kaders & relaties, structuur + verantwoordelijkheden & communicatie, autoriteit & verantwoording en hulpbronnen & beloningen. Zie appendix 3. We zien een zekere relatie met het besproken model van Magdaleno c.s. waarbij gepland samenwerken correspondeert met *cooporation*, bewust met *coordination* en reflectief met *collaboration*.

4.10 Serendipiteit

Een effect dat voorkomt bij reflectief (Magdaleno) of dynamisch (Samson) samenwerken is serendipiteit: Ongepland en onbedoeld positief effect van menselijke interactie dat ontstaat terwijl mensen met elkaar communiceren, bijvoorbeeld in de vorm van ideeën of resultaten. Serendipiteit kan een bewuste aanpak voor, of een onbewust effect zijn bij het bereiken van doelen. Ook kunnen er door serendipiteit nieuwe doelen ontstaan. Serendipiteit ontstaat op het moment dat verschillende inzichten uit (vaak) verschillende invalshoeken samenkomen en leidt op dat moment tot nieuwe inzichten.

Het is een manifestatie van menselijke creativiteit die veel kan opleveren in het effectief bereiken van doelen. Het optreden en ruimte geven van serendipiteit kan geplaatst worden in de socialisatie fase van het kenniscreatie proces (zie hoofdstuk 6). Fixering van serendipiteit op een moment of een plaats in samenwerking is echter – vanwege het creatief en onvoorspelbaar karakter – niet mogelijk en niet wenselijk. Het devies voor samenwerking: Geef ruimte en laat het gebeuren.

Organisatievorm		Chaos	Klassieke organisatie	
		Beperkingen worden door de ruimte waarin de actor zich beweegt opgelegd.	Er is sprake van een autoriteit (met de bevoegdheid om dwang uit te oefenen) die de samenwerking organiseert en die sturing op basis van doelen levert. Participatie is juridische of morele verplichting. Motieven om samen te werken hebben altijd met persoonlijke voordelen te maken waarbij in organisaties die voordelen meestal op korte termijn verzilverd kunnen worden en er sprake is van acceptatie van hiërarchie.	
Samenwerking zoals gedefinieerd in dit boek:		Géén samenwerking		(Toenemende) Mate van bewuste
Samenwerkingsvorm		Geen samenwerking, ieder voor zich	Samenwerking op basis van taken afstemming/ coöperatie; vooraf bepaalde taken op elkaar afgestemd op basis van snelheid, timing en acties	Samenwerking op basis van onderlinge afstemming/coördinatie; vooraf bepaalde resultaten worden op elkaar afgestemd
Kennis		n.v.t.	Geen specialistische kennis, routinematig werk	Specialistische kennis, routinematig werk
Volwassenheidsniveau		1. Ad Hoc	2. Gepland	2. Gepland 3. Bewust
Structuur		Generieke spelregels extern bepaald, geen sturing en geen doel	Autoritair hiërarchisch structuur met doelgerichte sturing	Hiërarchie op basis van inspraak en overleg
Verschijningsvormen		Actoren zijn niet georganiseerd en hebben willekeurig contact op basis van incidentele interactie	Actoren hebben geen contact onderling en voeren individuele taken sequentieel uit	Actoren hebben onderling contact om resultaten op elkaar af te stemmen in belang van de organisatie waartoe de actor behoort
Invloed op uitkomst of werkwijze		Geen invloed	Geen invloed	Invloed op werkwijze
Voorbeelden	Fysieke wereld	Verkeers-deelnemers	Fabriek, lopende band werk	Ingenieursbureau Onderzoeksbureau Vereniging (kerk) Overheid/ Gemeente
	Virtuele wereld (digitaal)	Internet/ World Wide Web Second life Minecraft	Bol.com Amazon Ebay	Virtuele organisaties Open innovatie Virtuele overheid

Waarom samenwerken werkt

Netwerkorganisatie	Klassieke netwerk
Combinatie van klassieke organisatie en netwerk organisatie. Participatie is op basis van juridische of morele verplichtingen. Geen hiërarchische relatie aanwezig en samenwerking is vaak tijdelijk.	Er is sprake van coördinatie om samenwerken te organiseren en regels te handhaven. Participatie is in principe vrij (niet verplicht) maar er kan sprake zijn van morele druk. Motieven om samen te werken hebben altijd met persoonlijke voordelen te maken waarbij in netwerken die voordelen vaak een lange termijn perspectief hebben en er geen (of weinig) sprake is van hiërarchie.
interactie tussen actoren fysiek of virtueel	++
Samenwerking mogelijk	
Samenwerking op basis van **collaboratie**; deelnemers voeren **vooraf bepaalde doelen** uit die worden op elkaar afgestemd en evalueren elkaar onderling	Samenwerking op basis van **open/ online collaboratie**; deelnemers **bepalen zelf de doelen en werkwijze** en evalueren elkaar onderling
Specialistische kennis, *niet* routinematig werk	Geen specialistische kennis nodig, wel kennis van disciplines
3. Bewust 4. Reflectief	3. Bewust 4. Reflectief
Geen hiërarchische relaties, samenwerking is ook op basis van gemeenschappelijke belangen of interesses	Open netwerk bestaande uit coherente groep
Actoren hebben voortdurend contact met elkaar binnen de groep, overleggen en stemmen af rond een bepaald doel in belang van de groep of maatschappij	Actoren hebben volledig besef van elkaar, groepen ontstaan/organiseren zich rondom bepaalde thema's in belang van de groep, maatschappij of individu
Invloed op uitkomst	Invloed op werkwijze en uitkomst
NGO Detacheringsorganisaties Ondernemersverenigingen	Buurt verenigingen
Wikihowto/ wikipedia Kennisplatforms Forums	Linux Linkedin Crowdsourcing (Live on demand)

Tabel 6. Spectrum aan variaties

Waarom samenwerken werkt

4.11 De rol van groepsgrootte bij samenwerking

Naast bewust of reflectief samenwerken speelt de groepsgrootte een belangrijke rol als het gaat om efficiëntie en doelmatigheid.

Een grote groep kan inefficiënt zijn omdat veel capaciteit en tijd aan coördinatie en afstemming besteed moet worden. Een kleine groep kan

onvoldoende effectief zijn omdat niet alle gewenste kennis en vaardigheid beschikbaar is.

In zijn beroemd werk The Mythical Man-Month [21] gaf Frederick Brooks in 1982 aan dat voor software engineering – een creatief proces – teams van ongeveer 7 personen het meest effectief zijn. Inzet van minder personen binnen een team levert minder inbreng op en inzet van meer personen leidt tot inefficiënte overhead aan coördinatie en communicatie. De vraag is echter of dit nog geldt wanneer er gebruikt gemaakt wordt van moderne sociale media en tools voor samenwerking. Een onderwerp dat we nader zullen onderzoeken op onze online Wordpress pagina samen met jou de lezer.

Zie hiervoor http://samenwerkenwerkt.wordpress.com/

4.12 Spectrum aan variaties

Als we kijken naar de verschillende variaties in vormen van samenwerken dan ontstaat er een spectrum van sterk gereguleerd naar zeer vrij. Dit spectrum hebben wij samengevat in de matrix van tabel 6: Spectrum aan varianties.

Netwerken en organisaties zijn natuurlijke samenwerkingsvormen voor mensen waarbij organisaties relatief nieuwe zijn. Beide vormen, organisaties en netwerken (inclusief tussenvormen), kunnen nodig zijn om samenwerking succesvol te maken.

Om doelgericht samen te kunnen werken zoals wij die beschrijven in dit boek moet er eerst aan de volgende voorwaarden worden voldaan:

- *Men moet bereid zijn om samen te werken, er zijn duidelijke afspraken gemaakt over de werkwijze en het is voor iedereen duidelijk waarom er wordt samengewerkt.*
- *Samenwerking kan gepland, bewust of reflectief zijn. De beste vorm van samenwerking is afhankelijk van het doel, de situatie en de omgeving. Hoe meer interactie onderling hoe groter de kans op nieuwe inzichten door serendipiteit.*
- *Er is pas sprake van doelgericht samenwerken als de deelnemers invloed hebben op het bepalen van de uitkomst en/of de werkwijze binnen de organisatie.*
- *Door gebruik te maken van technologie zijn formaliteiten die men wel in fysieke organisaties heeft, zoals hiërarchie en de bijbehorende 'recht' op informatie, in combinatie met moderne samenwerkingsvormen minder relevant worden.*

Verhaal – Casus The Vision Web
Doen wat je leuk vindt en waar je goed in bent

Verhaal over vrijheid en verantwoordelijkheid

Het was 1999 en ik was in de ban van de Nieuwe Economie. Winst was altijd de belangrijkste voorwaarde voor continuïteit en succes van een bedrijf maar nu ging het om zoveel mogelijk klanten. De waarde van het bedrijf werd afgemeten op marktaandeel, ook al leed het verlies. Overal om me heen zag ik financiële investeringen in onzekerheid met een aan massahypnose grenzend vertrouwen in de toekomst. Het ging om je overtuigingskracht in de markt en dat kon alleen maar werken als je gemotiveerde mensen had die energie putten uit wat ze deden.

Ik ging werken bij The Vision Web, een IT bedrijf dat helemaal paste in de tijdgeest met een belangrijke uitzondering: het maakte wel winst. Het bedrijf was gebaseerd op talenten van medewerkers, vertrouwen in elkaar, netwerken en samenwerken. Wij werkten in teams, variërend van 10 tot 30 collega's waarin ondernemerschap werd gestimuleerd. Niet dat zogenaamd ondernemerschap dat medewerkers van grote bedrijven vaak als noodzakelijke eigenschap wordt ingeprent. Maar een directe relatie tussen succes en salaris, tussen zakelijke mislukking en pijn. In feite mocht iedereen z'n eigen salaris vaststellen als hij zijn team maar kon overtuigen dat hij het waard was.

Niemand had een functie, iedereen was functie van z'n eigen talenten. Het kwam er op neer dat je moest doen wat je leuk vond en waar je goed in was als het maar met IT te maken had. Als je dat deed, bleef je in je energie en zou het succes naar je toekomen. En weet je wat? Het werkte omdat bij iedere hobby van de medewerkers wel een vraag in de markt paste. IT was een hype rond de eeuwwisseling en het bedrijf maakte winst. Iedereen kreeg z'n deel.

Gebruik van het internet verdubbelde elke 100 dagen en de klanten die online bereikbaar waren namen snel toe. Wij werkten elk aan onze eigen activiteiten en zorgden ervoor dat ondersteunende taken, zoals management en administratie, gezamenlijk werden georganiseerd. Samenwerken deden we op basis van interesse en persoonlijke relaties tussen mensen. Wij groeiden als bedrijf vol vertrouwen in de richting van een onbekende toekomst. Dat zagen wij als onze kracht.

In 2001 veranderde alles. De zeepbel barstte. De balans tussen vraag en aanbod aan IT diensten keerde om. Was eerst de vraag groter, nu overtrof het aanbod de vraag. Het bleek dat niet iedere liefhebberij op IT gebied nog een gewillige klant vond. Het bedrijf dreigde in een vrije val terecht te komen en, anders dan een paar maanden daarvoor, vonden banken winstgevendheid opeens wel belangrijk.

De emoties liepen hoog op. Men was gekomen om het beste uit zichzelf te halen door de dingen te doen waar men goed in was. Echter, die vrijheid bleek onder druk in werkelijkheid vrijblijvendheid te zijn. Samenwerken om een gemeenschappelijk doel te bereiken bleek voor de meesten niet mogelijk te zijn. In voorspoed waren we een team, in tegenspoed was het ieder voor zich. Je moest immers aan het eind van elke maand je hypotheek kunnen betalen. De noodzaak om geld en vrijheid in te leveren was voor velen een niet te nemen obstakel.

De grootste aandeelhouders namen hun verantwoordelijkheid en brachten focus. Een gezamenlijk doel om te overleven. De teugels werden aangetrokken en The Vision Web werd een normaal bedrijf. Een aantal medewerkers kond daarin meegaan. Velen niet en zij vertrokken. Het bedrijf werd verkoopbaar gemaakt en vond zijn bestemming in een overname.

Een leerzame ervaring van vrijheid, verantwoordelijkheid in combinatie met doelgericht samenwerken.

Jan Bouman

"Life isn't about finding yourself. Life is about creating yourself"

George Bernard Shaw

Hoofdstuk 5. Sociale media en collaboration tools

5.1 Inleiding

Bij samenwerking is het belangrijk dat de individuen binnen de groep ook *kunnen* samenwerken. Dat wil zeggen dat ze intenties, kennis, vaardigheden en hulpmiddelen hebben om samen te werken. Dit hangt samen met de sociale aspecten van het samenwerken en het gebruik van digitale hulpmiddelen. In de praktijk zien we dat digitale hulpmiddelen een aanvulling zijn op face-to-face samenwerken en zelf in veel gevallen daarvoor in de plaats komen. Wij denken hierbij aan moderne sociale media en collaboration tools. Met meerdere mensen tegelijk aan digitale documenten werken, synchroon en asynchroon contact hebben met mensen op een andere plaats, delen van gegevens met één druk op de knop. Dit zijn functies die ervoor zorgen dat op afstand kan worden samengewerkt.

Kaplan en Haenlein [17] definiëren sociale media als een groep op internet gebaseerde toepassingen die het creëren en uitwisselen mogelijk maken van door de gebruikers gemaakte inhoud (user generated content).

Wat zijn de sociale aspecten die binnen groepen van belang zijn en hoe kunnen deze worden ondersteund met digitale hulpmiddelen?

5.2 Honingraat model

Kietzmann c.s. [8] heeft in zijn studie naar bepalende factoren voor sociale media een zevental aspecten geplaatst in het zogenaamd honingraat model. In de publicaties over dit model hebben de auteurs uitvoerig onderzoek beschreven naar bestaande wetenschappelijk literatuur over deze zeven bouwblokken of honingraten. Het betreft voor een groot deel sociologisch onderzoek naar de sociale aspecten binnen de groep uit perioden van voor het bestaan van moderne sociale media.

Kietzmann beschrijft de bouwblokken van het honingraat model specifiek voor sociale media. De diverse sociale media die in de loop der jaren zijn ontwikkeld hebben elk een eigen karakter, waarvan per geval invulling van de bouwblokken varieert. Het honingraat model biedt dus het raamwerk van een profiel waarmee een sociaal medium beschreven kan worden. Wij passen dit raamwerk toe op digitale hulpmiddelen die samenwerking faciliteren: De zogenaamde *collaboration tools*. Door in deze tools beter rekening te houden met de sociale aspecten wordt betere samenwerking binnen de groep bereikt.

Hier volgt een beknopte beschrijving van de zeven bouwblokken van het honingraat model.

Identity   De mate waarin deelnemers zichzelf kenbaar maken. Mensen creëren een identiteit en maken die kenbaar op sociale media. Met die identiteit functioneren zij in een groep. Vaak presenteert men slechts een gedeeltelijke of een heel andere realiteit over zichzelf dan in het echte leven. De identiteit die men kenbaar maakt moet passen bij de groep waarin men zich beweegt. Als dit niet lukt dan ontstaat er spanning met vaak als gevolg conflict, verlegenheid, negeren door anderen of uitsluiting van de groep.

Groups   De mate waarin deelnemers zich aansluiten bij groepen. Groepen kunnen ontstaan als identiteiten zich bij elkaar aansluiten op basis van gemeenschappelijke factoren. Een persoon kan zich – eventueel met meerdere identiteiten – aansluiten bij meerdere groepen. Groepen kunnen open (vrije toegang), gesloten (op basis van acceptatie) of geheim (op basis van uitnodiging) zijn.

Relationships   De mate waarin deelnemers relaties met elkaar aangaan. Relaties tussen deelnemers kunnen sterk of zwak zijn. Dat hang af van hoe vaak ze communiceren, hoe lang ze een relatie hebben en wat de affectieve of inhoudelijke lading van het contact is.

Reputation   De mate waarin deelnemers bekend zijn met de sociale status van anderen. Reputatie kan te maken hebben met het gedrag en de eigenschappen van een deelnemer. Echter, vaker heeft het te maken met sociaal gevormde meningen over een deelnemer. Overigens geldt dit ook voor producten of organisaties. Reputatie is essentieel in sociale media, zeker daar waar vertrouwen een belangrijk aspect is.

Presence   De mate waarin deelnemers weten dat anderen aanwezig en bereikbaar zijn. Aanwezig en bereikbaar zijn is essentieel om te kunnen functioneren in sociale media. Interactieve bereikbaarheid en aanwezigheid geeft deelnemers meer invloed, meer keuze en een rijkere terugkoppeling van anderen, dan bijvoorbeeld niet interactief beschikbaar zijn. Bijzonder aspect is hier de zogenaamde *illusion of non-mediation*. Dit wil zeggen dat een schijnbaar onzichtbaar medium functioneert als een open raam:

men communiceert via een medium maar het is alsof men in levende lijve tegenover elkaar zit. Dit soort aanwezigheid is het meest krachtig omdat (bijna) alle menselijke zintuigen geprikkeld worden.

Conversations De mate waarin deelnemers met elkaar communiceren. Onderscheid wordt gemaakt tussen de frequentie van communiceren en de zogenaamde *velocity*, ofwel de mate waarin nieuwe informatie wordt gecommuniceerd.

Sharing De mate waarin deelnemers inhoud uitwisselen, verdelen en ontvangen. Het delen van inhoud (informatie) heeft veel te maken met de binding die de deelnemers van een groep met elkaar hebben ofwel de reden van het bestaan van de groep. Een ander aspect die bij het delen aan de orde is, is motivatie. Waarom deelt men informatie, indrukken, gevoelens enzovoort? In dit verband wordt over intrinsieke en extrinsieke motivatie gesproken (zie hoofdstuk 2).

5.3 Samenwerking en het honingraat model

In hoofdstuk 1 werd de volgende definitie van samenwerking gegeven.

Mensen die op elkaar afgestemde activiteiten uitvoeren om een gezamenlijk doel te bereiken. Van deze mensen wordt verwacht dat op eigen initiatief kennis of vaardigheden worden gecombineerd, met als doel een resultaat te leveren dat meer waarde oplevert dan door één individu kan worden opgeleverd.

De zeven bouwblokken van het honingraat model zijn herkenbaar in de digitale hulpmiddelen die specifiek voor samenwerking worden gebruikt, ook als deze tools worden toegepast binnen een organisatie waar de deelnemers elkaar fysiek ontmoeten. Voorbeelden zijn SharePoint, IBM Connections en Google Apps for Work. Als deze tools voor samenwerking worden gebruikt in een netwerk waar mensen alleen digitaal contact hebben, is op een aantal vlakken de gelijkenis met moderne sociale media, bijvoorbeeld LinkedIn, Twitter of Facebook, groot.

Bij het ontwikkelen van Open Source toepassingen zoals Linux en Open Office zien we al lang dat effectief wordt samengewerkt met behulp van sociale media. Ook wordt het internet toegepast om door samenwerking specifieke problemen op te lossen zoals het in kaart brengen van het oppervlakte van Mars of het modelleren van enzymen [23]. Kenmerken van deze vormen van samenwerking zijn dat ze open staan voor iedereen die mee wil doen, dat er altijd sprake is van een gezamenlijk doel en dat de samenhang tussen de verschillende bijdragen wordt gecoördineerd.

Bij tools voor samenwerking, zogenaamde *collaboration tools*, is er ten opzichte van moderne sociale media dus sprake van een aantal extra dimensies, namelijk de coördinatie en het gezamenlijk doel.

5.4   Autoriteit, doel en ego

Conform de inzichten van Tom Tyler beschreven in hoofdstuk 2, zullen mensen, als ze voor een gemeenschappelijke uitdaging gesteld worden, een vorm van autoriteit creëren of erkennen om het samenwerken te leiden en schaarse middelen effectief te verdelen (zie hoofdstuk 2). Er is dus sprake van één of meer doelen en een autoriteit. Dit levert twee nieuwe bouwblokken voor het honingraat model van Kietzmann c.s. op. Namelijk 'Authority' en 'Goals'. Als mensen samenwerken om beter en sneller een vastgesteld *doel* te bereiken dan zonder de samenwerking, dan is *leiding* of coördinatie een noodzakelijke voorwaarde.

Authority   De mate waarin deelnemers gezag en leiding binnen een groep accepteren. Mensen zullen – als ze gemeenschappelijke doelen hebben – een vorm van autoriteit creëren of erkennen om het samenwerken te leiden en schaarse middelen efficiënt te verdelen. Een organisatie heeft management, een sociaal netwerk heeft een moderator en losse groepen van mensen hebben natuurlijke leiders.

Goals   De mate waarin deelnemers gemeenschappelijke doelen hebben. Dit is essentieel voor het zinvol functioneren van samenwerking. Men gebruikt de tool om een resultaat te bereiken. Dit is meestal een gepland resultaat.

Hieraan is een derde extra bouwblok toegevoegd die een algemeen karakter draagt, namelijk het 'Ego' bouwblok. Dit bouwblok staat voor de deelnemer achter de gecreëerde identiteit in het sociale medium. Ego is de ware deelnemer zelve, terwijl de identiteit die hij creëert zijn alter ego is. Ego is bij samenwerking relevant omdat persoonlijke motieven van deelnemers aan samenwerking, bepalend zijn voor het succes. Zodoende komen we tot een model met tien bouwblokken.

Ego   De mate waarin individuele deelnemers recht doen aan hun eigen onvervreemdbare persoonlijke kenmerken en motieven.

Dit honingraat model van tien bouwblokken is dus het raamwerk van een profiel waarmee het karakter van een collaboration tool kan worden beschreven en onderzocht.

5.5 Collaboration tools

Sociale media maken gebruik van combinaties van de zeven oorspronkelijke bouwblokken van Kietzmann c.s. Functies van Facebook combineren de bouwblokken door middel van video's delen, chatten, relaties aangaan met vrienden en collega's, plaatsen van eigen foto's van feestjes of juist het bloot geven van hele persoonlijke informatie zoals het overlijden van vrienden of het vieren van een verjaardag. LinkedIn heeft soortgelijke functies voor andere doelgroepen.

De ontwikkeling rond collaboration tools, bijvoorbeeld SharePoint, IBM Connections of Google Apps for Work, vertoont duidelijke overeenkomsten met die van social media als LinkedIn, Facebook en Twitter.

De vraag is nu of collaboration tools van de toekomst ook sociale media zijn en de inzichten, theorieën en modellen van sociale media toegepast mogen worden op deze tools. Deze vraag hebben wij met *Ja* beantwoord door de zeven bouwblokken van het honingraatmodel van Kietzmann c.s. aan te vullen met drie extra blokken om de sociale context van samenwerking te beschrijven. Twee van de drie toegevoegde blokken, namelijk 'goals' en 'authority' kenmerken het essentiële verschil tussen sociale media en collaboration tools.

Tools variëren sterk in de manier van samenwerking die ze bieden. Soms zijn de samenwerkingspartners reëel en soms denkbeeldig of gesimuleerd. Een populair voorbeeld is Minecraft. Met dit spel waant de deelnemer zich in een virtuele wereld waar hij een eigen stad kan bouwen die lijkt op onze eigen fysieke werkelijkheid. De deelnemer kan het spel als *single user* spelen. Dit komt sterk overeen met de aankoop van een kavel om zelf een huis te bouwen. Als *multi-user* kan hij samen met anderen een appartementencomplex bouwen. Hij kan ook tegen de server spelen, waarbij de deelnemer samen met de zogenaamde overheid een huis bouwt, volgens de regels die door de overheid zijn gesteld.

Mensen zijn creatieve en sociale wezens en als zij de ruimte krijgen zullen ze ook in het samenwerken, creatief en in sociale context met de mogelijkheden omgaan. Om samenwerking te verbeteren vinden wij het belangrijk in specifieke situaties te onderzoeken wat de behoeften zijn van een groep en welke technologische media kunnen bijdragen aan het bereiken van gemeenschappelijke doelen.

5.6 Vertaling naar mediatechnologie

Het honingraatmodel van Kietzmann c.s. gaat in op het sociaal gedrag van mensen die sociale media gebruiken. De verschillende sociale media die in de afgelopen jaren zijn ontstaan leggen elk een eigen nadruk op bepaalde bouwblokken, afhankelijk van doelgroep en toepassing. Kietzmann c.s. gaat daar in zijn publicaties verder op in. Naast het sociaal gedrag van mensen is ook de vertaling van dat gedrag naar de kenmerken van het medium interessant.

De eerder genoemde Kaplan en Haenlein [17] maken een indeling van de verschillende media typen media door deze te classificeren aan de hand van de begrippen 'social presence' en 'media richness'.

- 'Social presence' wordt bepaald door de mate van direct contact tussen personen op twee aspecten, namelijk (a) contact met of zonder tussenpersonen of tussenschakels en (b) of men zonder tijdsverschil kan reageren op elkaars signalen (de mate van synchronie van het contact). Een chatsessie heeft dus hogere 'social presence' dan email en face-to-face contact heeft een hogere 'social presence' dan een videogesprek via Skype.
- 'Media richness' wordt bepaald door de mate waarin ambiguïteit (dubbelzinnigheid) en onzekerheden tussen communicatie partners gereduceerd worden. Naar mate dit beter gebeurt door middel van communicatie via een medium in een bepaalde tijd, des te hoger de 'media richness' van dat medium. De 'media richness' van een telefoongesprek is dus meer dan die van een chatsessie omdat door het horen van stem en intonatie, meer informatie in de zelfde tijd wordt uitgewisseld.

Deze zaken, 'social presence' en 'media richness', zeggen dus meer over mogelijkheden van de technologie dan over sociale interactie tussen mensen. Kaplan en Haenlein noemen ook twee aspecten van sociale interactie tussen mensen en de verschillen in mate en wijze waarin deelnemers zich presenteren in sociale media, namelijk 'self presentation' en 'self disclosure'. Deze aspecten dragen delen van Kietzmann's bouwblokken 'identity', 'relationships', 'reputation' en 'presence' in zich.

- Door middel van 'self presentation' willen mensen controle hebben op de indruk die ze op anderen uitoefenen. Bijvoorbeeld het aanmaken van een persoonlijke website voor het promoveren. Redenen kunnen zijn beloond te worden of een imago te creëren die dicht bij de identiteit komt van de persoon in het echte leven (real life) zelf.
- Dit wordt gedaan door 'self disclosure'; het bewust of onbewust presenteren van persoonlijke informatie. Bijvoorbeeld het aansluiten bij een forum voor hondenliefhebbers. 'Self disclosure' is belangrijk voor het opbouwen van relaties. De mate waarin dit gebeurt is ook van invloed bij sociale media.

De hiervoor beschreven begrippen 'social presence' en 'media richness' versus 'self presentation' en 'self disclosure' worden door Kaplan en Haenlein in de volgende matrix aan elkaar gerelateerd. In de matrix worden een aantal voorbeelden genoemd.

		Social presence & media richness		
		Laag	Medium	Hoog
Self presentation & Self disclosure	Hoog	Blogs	Sociale netwerken (Facebook)	Virtuele sociale werelden (Second Life)
	Laag	Collaborative projects (Wikipedia)	Content communities (YouTube)	Virtuele spel werelden (World of Warcraft)

Tabel 7. Media context (Kaplan en Haenlein)

5.7   Op evolutie gebaseerde media

Belangrijk aspect in het voorgaande is het begrip 'media richness'. Ned Kock [18] zet vraagtekens bij de gangbare 'media richness' theorie. Hij zegt dat de onderbouwing onvoldoende is omdat het niet goed naar de mens zelf kijkt: hoe de mens is gevormd in de loop van de evolutie en de empirisch vastgestelde voorkeuren die mensen tegenwoordig hebben als het gaat om effectieve communicatie. Kock baseert zich ondermeer op de evolutietheorie van Charles Darwin en stelt dat we het niet over 'media richness' moeten hebben maar over 'media naturalness' als het gaat om effectiviteit van communicatie: hoe past communicatie het beste bij de mens en is daardoor het meest effectief.

De mens heeft zich in de loop van de evolutie ontwikkeld op basis van synchrone communicatie waarbij men zich binnen gezichtsafstand van elkaars lichaam bevindt (co-location). Kock behandelt verschillende biologische aspecten waaronder het feit dat de mens, meer dan enig ander dier, spieren in het gelaat heeft om gezichtsuitdrukkingen te tonen.

Uiteindelijk komt hij tot de conclusie dat tenminste aan de volgende zaken voldaan moet worden wil communicatie tussen mensen optimaal zijn:

- mensen moeten tijdens het communiceren op gezichts- en hoor afstand van elkaar zijn en deel uitmaken van de zelfde omgeving.
- De communicatie moet zoveel mogelijk synchroon zijn, dat wil zeggen geen tijdsverschil tussen het zenden en ontvangen van berichten, waardoor het mogelijk is dat ze direct elkaars verbale en nonverbale reacties zien.
- mensen moeten elkaars gezichtsuitdrukkingen kunnen en mogen zien.
- mensen moeten elkaars lichaamstaal kunnen en mogen zien.
- mensen moeten met elkaar kunnen communiceren door middel van spraak.

Het begrip *illusion of non-mediation* dat in de vorige paragrafen aan de orde kwam sluit hierbij aan. Uitdaging van sociale media is om steeds meer de zogenaamde *illusion of non-mediation* te creëren. Van zo'n illusie is sprake als deelnemers aan sociale media niet meer merken dat technologie de deelnemers van elkaar scheidt. Ze kunnen de ander zien en horen alsof hij/zij in levenden lijve aanwezig is, alsof ze praten door een open raam. Dit wil niet zeggen dat mensen elkaar ook ervaren zoals ze in levenden lijve zijn. De *illusion of non-mediation* zal namelijk ook worden ondersteund met technologie om alternatieve identiteiten te creëren. Met andere woorden: De illusie blijft.

Met het honingraatmodel hebben we, vanuit sociaal psychologische invalshoek, een beeld gekregen uit welke bouwblokken doelgerichte en effectieve samenwerking moet bestaan en de bijbehorende specificaties van elke bouwblok. Hierbij ligt de nadruk op de mens als sociaal wezen, dit is het startpunt van elke hulpmiddel voor samenwerking. Vanuit ons perspectief dienen hieraan specifiek voor samenwerking de bouwblokken 'authority', 'goals' en 'ego' te worden toegevoegd. De toegevoegde blokken 'goals' en 'authority' kenmerken het essentiële verschil tussen sociale media en 'samenwerkingstools'.

- *Bij het onderzoeken, beoordelen en verbeteren van doelgerichte samenwerking staan de tien bouwblokken voor noodzakelijke aandachtspunten.*
- *Een algemeen tool voor doelgerichte en effectieve samenwerking moet alle tien bouwblokken in verschillende combinaties kunnen ondersteunen.*
- *De mediatechnologie die wordt gebruik moet passen bij de groep, de situatie en de gemeenschappelijke doelen.*

Waarom samenwerken werkt

"The lightning spark of thought generated in the solitary mind
awakens its likeness in another mind"

Thomas Carlyle

Hoofdstuk 6.   Creëren en delen van kennis

6.1   Relatie tussen informatie, kennis en samenwerking

De hoeveelheid informatie die op ons afkomt en de snelheid waarmee technologie de wereld verandert is door geen mens bij te houden. Eddie Obeng beschrijft dit met zijn ideeën over de *world after midnight*. Samenwerken is in dit verband samen leren door te experimenteren. Hier geldt het principe van het geheel dat meer is dan de som der delen, of kortgezegd: 1+1=3. Hierbij is actief delen van kennis met elkaar een essentieel aspect. Daarom is het bij samenwerking belangrijk rekening te houden met de wijze waarop kennisdeling tussen mensen plaats vindt.

Nonaka en Takeuchi [15] hebben in hun theorie over kenniscreatie een aantal factoren voor kennisdeling aangegeven die wij als onderbouwing gebruiken voor kennisdeling in groepen.

Zij gaan ervan uit dat kennisdeling binnen organisaties onmisbaar is voor de innovatiekracht. Hun theorie over kenniscreatie richt zich op kenniscreatie binnen organisaties en is samengevat in het hierna beschreven SECI model.

6.2   Kenniscreatiecyclus

Dit SECI model voor kenniscreatie bestaat uit vier kwadranten:

- Socialisatie; *leidt tot uitwisseling van impliciete kennis*
- Externalisatie; *leidt tot expliciete kennis waardoor die kennis toegankelijk wordt*
- Combinatie; *leidt tot nieuwe kennis*
- Internalisatie; *leidt tot nieuwe impliciete kennis*

Het representeert de cyclus op basis waarvan kenniscreatie plaats vindt én op basis waarvan groepen leren.

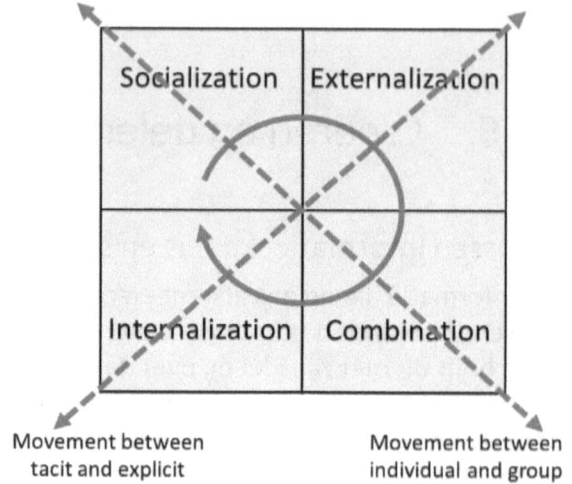

Socialiseren gebeurt als er voor mensen een vertrouwde omgeving en ruimte voor ontmoeting bestaat. In deze ruimte komen mensen elkaar tegen waardoor er sociale interactie plaats vindt.

Door te communiceren wordt informatie voor anderen waarneembaar. Dit noemt men, externaliseren. Dit kan in verschillende vormen gebeuren. Bijvoorbeeld in film, tekst, foto's of andere vormen van expressie. Door informatie vorm te geven wordt het vastgelegd (gecodificeerd).

Eenmaal vastgelegd kan informatie met verschillende vastleggingsvormen en vanuit verschillende bronnen worden gecombineerd, geïnterpreteerd en hergebruikt. Het combineren van deze informatie leidt tot conclusies of resultaten en daardoor vaak tot nieuwe kennis. Deze kennis kan door anderen worden gebruikt.

De nieuwe kennis die zo is ontstaan wordt geïnterpreteerd en getoetst door mensen aan hun eigen referentiekaders. Door de kennis te combineren met wat men al weet, creëert men nieuwe kennis bij zichzelf. Met andere woorden: men leert.

Waarom samenwerken werkt

Dit kan zowel een individueel als een groepsproces zijn. Internalisatie gebeurt op het moment dat de vastgelegde informatie algemene kennis wordt voor het individu of de groep.

Het individu of de groep interpreteert informatie en conclusies, en voegt deze toe aan de eigen interne overtuigingen. Na het internaliseren van kennis begint het proces weer van voren af aan. Het individu of de groep met nieuwe kennis, deelt dit met anderen.

Technologie heeft ervoor gezorgd dat de grenzen tussen impliciete en expliciete kennis vervagen doordat de cyclus van het kenniscreatieproces veel sneller wordt doorlopen dan voorheen. Dit is een van de redenen waarom, door het toepassen van technologie de snelheid van leren toe neemt. Eddy Obeng (zie eind hoofdstuk 3) benoemt dit verschijnsel in zijn visie over *pace of change* en *pace of learning*. Er moet geëxperimenteerd worden om veranderingen te kunnen bijbenen. Diepe inhoudelijke kennis die maar door één individu wordt gehouden is bijna niet meer mogelijk. Clay Shirky (zie hoofdstuk 4) heeft het over metagegevens of tagging waardoor er veel meer informatie beschikbaar wordt gesteld voor een veel groter publiek door deze vindbaar te maken.

Met behulp van de technologie is het leren en het delen van kennis op grotere schaal en met meer snelheid mogelijk dan voorheen.

6.3   Informatie, ervaring, vaardigheden en attitude

Mathieu Weggeman, Nederlandse auteur, visionair, organisatieadviseur en hoogleraar, heeft een totaal andere benadering van kennis. Hij stelt in zijn boek Leiding geven aan professionals? Niet doen! [26] dat kennis ontstaat als functie van de elementen informatie, ervaring, vaardigheden en attitude:

$$K = f (I * E * V * A)$$

Kennis wordt in dit verband gedefinieerd als het vermogen dat een persoon in staat stelt om een specifieke taken uit te voeren. Aan dit vermogen worden steeds hogere eisen gesteld als de ontwikkelingen in het relevante kennisgebied snel gaan. Het element informatie is sterk aan erosie onderhevig vanwege deze ontwikkelingen terwijl de andere elementen juist toenemen of verbeteren door toepassing van de kennis.

De benadering van Weggeman is complementair aan de kenniscreatiecyclus van Nonaka/Takeuchi. Het volgend schema relateert de kenniscreatiecyclus aan de kennisfunctie van Weggeman.

KENNIS	$K = f(I*E*V*A)$ Weggeman			
SECI: Nonaka & Takeuchi	Informatie	Ervaring	Vaardigheden	Attitude
Socialisatie	Informatie ongestructureerd delen met anderen	Leren wie de juiste personen zijn om mee te delen	Effectief kunnen spreken en presenteren	Willen delen met anderen om een doel te bereiken
Externalisatie	Informatie vastleggen en voorzien van metadata	Leren om efficiënt en effectief vast te leggen	Effectief kunnen vastleggen	Willen vastleggen om het (later) te gebruiken
Combinatie	Informatie koppelen o.a. met behulp van metadata	Leren wat de meest kansrijke combinaties zijn	Effectief kunnen vergelijken en combineren	Willen zoeken naar nieuwe combinaties
Internalisatie	Informatie opnemen en eigen maken	Impliciete informatie stapelen op wat al geleerd is	Zich kunnen concentreren op eigen maken van informatie	Willen leren

Tabel 8. Kenniscreatie: Nonaka en Weggeman

Het relateren van de benaderingen van Nonaka/Takeuchi en Weggeman aan elkaar leert ons dat voor elke fase in de kenniscreatiecyclus er voorwaarden voor succes zijn.

• Informatie die aan erosie onderhevig is en die voor elke herhaling van de fasen vernieuwd moet zijn.

- Ervaring die toe neemt als de cyclus herhaaldelijk wordt doorlopen, waardoor kenniscreatie effectiever wordt.
- Vaardigheden die per fase in de cyclus verschillend zijn en die kunnen toenemen als de cyclus herhaaldelijk wordt doorlopen.
- Attitude met als basis de wil om kennis te delen en te creëren.

6.4 Noodzaak van contemplatie

De laatst genoemde stap binnen het model van Nonaka/Takeuchi richt zich op het internaliseren. Dit is vaak een onderbelichte onderdeel binnen onze maatschappij. De New Yorkse Wall Street advocaat Susan Cain heeft een inspirerende TED-talk gepubliceerd: The Power of Introverts [22]. Susan Cain vertelt in haar presentatie over de noodzaak voor contemplatie om effectief te zijn. Individuele mensen verschillen van elkaar. In de westerse maatschappij is de afgelopen 50 jaren nadruk komen te liggen op de extraverte mens die altijd bezig is zich sociaal te profileren en zijn boodschap te verkopen. Iedereen is de verkoper van zich zelf en zijn ideeën. Ook het onderwijs is de laatste 20 jaren hierop ingericht. Kantooromgevingen zijn open en constant gericht op het stimuleren van interactie tussen mensen. Echter, een groot deel van de mensheid, ook in onze maatschappij, is van nature introvert en haalt de meeste creativiteit en voldoening uit momenten van stilte en reflectie. Introverte mensen hebben vaak goed onderbouwde ideeën maar worden ondergesneeuwd door verbale en communicatieve dominantie van hun meer extraverte collega's. De westerse maatschappij zegt dat mensen van kinds af aan moeten leren extravert te zijn. En zo is de samenleving inderdaad ingericht, echter de beste ideeën ontstaan nog steeds tijdens een wandeling in de natuur, het moment van rust in bed voor het slapen of een dinertje met vrienden. Als samenwerken alleen wordt gezien als continu met elkaar communiceren en extravert zijn, dan doet het team, de organisatie en de maatschappij zich te kort. Susan Cain zegt dat het volgen van dominante extraverten in een groep het *groupthink* verschijnsel versterkt en creativiteit buiten de gebaande wegen onderdrukt.

6.5   Hersenen en multitasking

Theo Compernolle [25] geeft in zijn presentaties en publicaties aan dat de continue druk om bereikbaar te zijn en om aan multitasking te doen schadelijk is voor onze creativiteit en productiviteit. Hij verklaart dit door middel van wat bekend is over hoe onze hersenen werken. Voor onze hersenen bestaan tegelijk werken aan meerdere taken niet. Telkens als wij met iets anders beginnen, ook al is het iets dat slechts enkele seconden duurt en tussendoor moet gebeuren, dan schakelen onze hersenen om. Het terugschakelen en weer het originele concentratieniveau bereiken kost minstens minuten. Compernolle beschrijft het effect als volgt:

Altijd bereikbaar zijn ondermijnt ook de creativiteit. Creativiteit komt pas als er ontspanning is, dus wanneer men niet wordt gestoord. Bijna elke Nobelprijswinnaar was met iets ontspannend bezig toen de geniale gedachte kwam. Er moet tijd zijn om helemaal niet aan het werk te denken, dan pas komen de ideeën. Bovendien werkt 'always on' luiheid in de hand: waar men vroeger een probleem eerst zelf probeerde op te lossen, wordt nu de manager of een collega meteen om advies gebeld. Er wordt ook dikwijls slechter gepland en afgesproken, omdat het zo gemakkelijk is om op het laatste nippertje op te bellen.

Vraag is hoe we een bedrijfscultuur ontwikkelen waarin we toelaten dat de breinwerkers voor zichzelf een situatie creëren die optimaal is voor het functioneren van hun brein, dat ze zich bijvoorbeeld regelmatig loskoppelen van alle communicatie om kwaliteitswerk te presteren? Zullen bedrijven bijvoorbeeld aanvaarden en zelfs stimuleren dat breinwerkers de 'Do not disturb' toets van het 'collaboration tool', volop gebruiken en zich een uur lang volledig van 'the grid' loskoppelen om breinwerk te doen? Zullen bedrijven strengere regels en een efficiëntere communicatiecultuur propageren? Op dit moment is in de meeste bedrijven de communicatiecultuur als in een land met een auto per gezin en verkeersregels die dateren uit de tijd van de postkoets.

Internalisatie speelt zich dus voor een groot gedeelte af in stilte zonder dat er naar buiten toe gecommuniceerd wordt. Het is een proces van impliciet maken – verinnerlijken – van expliciete kennis. Het geeft aan dat er aan moderne tools die gebruikt worden voor samenwerking meer gevraagd wordt dan aan de sociale media van vandaag. Er moet plaats zijn voor contemplatie in een groep of bij een individu om iets eigen te maken.

Bij doelgerichte samenwerking is kennis deling nodig om het doel te kunnen bereiken. Dit gebeurt door een combinatie van kenniscreatie door socialisatie, externalisatie, combinatie en internalisatie en door informatie, ervaring, vaardigheden en attitude met elkaar te combineren:

- *Doelgerichte en effectieve samenwerking heeft een (sociale) omgeving nodig waar mensen in contact met elkaar kunnen komen om informatie, ervaringen, vaardigheden en attitude met elkaar te kunnen delen (Socialisatie).*
- *Bij doelgerichte en effectieve samenwerking dient de mogelijkheid te bestaan om deze ideeën direct vast te kunnen leggen in de vorm van beelden, tekst, geluid en/of video (Externalisatie).*
- *Bij doelgerichte en effectieve samenwerking dient de mogelijkheid te bestaan om uit verschillende bronnen relevante informatie te kunnen vinden, als zodanig te kunnen categoriseren, zelf relevante informatie opties aan te bieden en de mogelijkheid om informatie te kunnen combineren en vindbaar te maken (Combinatie).*
- *Bij doelgerichte en effectieve samenwerking dient de mogelijkheid te bestaan om met de verschillende bronnen van informatie zelf nieuwe informatie te produceren waardoor deze weer met anderen kan worden gedeeld (Internalisatie).*

In de westerse maatschappij is een cultuur ontstaan waarin het belang van contemplatie, onderdeel van de laatste fase van het kenniscreatieproces, 'internalisatie' wordt ondergewaardeerd terwijl dit juist een cruciale stap is in de kenniscreatiecyclus.

Verhaal – Casus waterschap De Dommel
Persoonlijk leiderschap en grenzeloos organiseren

Ruimte en sturing, chaos en orde.

Een waterschap dat mensen inspireert en stimuleert om samen te werken. Dat daarnaast uitblinkt in visie, ervaring en kennis. Een echte waterautoriteit en een inspirerende werkgever. In 2003 had de leiding van waterschap De Dommel de ambitie binnen een aantal jaren zich zo te gaan onderscheiden in de watersector.

Ruud Viergever en Rianne van der Steen vertellen over de transitie die De Dommel doormaakte. "Wij zagen dat het klassieke sectormodel niet meer werkte. Er was onvoldoende kruisbestuiving en te weinig oog voor de omgeving. We wilden graag beter worden in samenwerken zowel in- als extern, we wilden dat de verantwoordelijkheden lager in de organisatie belegd werden en efficiënter en effectiever gaan werken".

Er werd een schets gemaakt over hoe De Dommel er over vijf jaren uit zou moeten zien. Mensen moesten elkaar vinden in samenwerking die individuele taken en verantwoordelijkheden overstijgt. Deze samenwerking moest niet alleen goed zijn maar ook innovatief en leiden tot hoge kwaliteit van het werk en de resultaten. De weg naar een proces georiënteerde organisatie werd ingeslagen. Strategische thema's werden: kennisdeling, duurzame ontwikkeling, samenwerken en ondernemerszin.

Na een periode van overleg, ideevorming en contemplatie werd de transitie in 2005 gestart. Eerst werden de processen ingericht en na verloop van tijd waren afdelingen afgeschaft en kon De Dommel zich een proces georiënteerde organisatie noemen. De organisatie was gekanteld. Natuurlijk ging dit niet zonder slag of stoot. In het spanningsveld van ruimte en sturing waren er ook worstelingen en weerstanden. Oude structuren gaven soms houvast dat nu verdwenen was. Bovendien bleef sturing nodig maar op een andere manier:

Dienend leiderschap en sturen op output. De Dommel ging werken met proceseigenaren en resultaatverantwoordelijke procesmanagers. Dus tóch managers, maar met veel ruimte en verantwoordelijkheid bij de medewerkers.

Vanaf 2012 heeft De Dommel zijn visie op de organisatie opnieuw vastgelegd als logische stap in de ontwikkeling. Pijlers voor de vernieuwde organisatie werden *'Persoonlijk leiderschap'* en *'Grenzeloos organiseren'*. Iedereen, ongeacht positie of rol, werd gestimuleerd om initiatief te tonen. Het idee was dat mensen vrijheid en ruimte nodig hebben om zelf verbindingen te leggen, zowel binnen als buiten de eigen organisatie. Mensen werden zodoende gemotiveerd en gestimuleerd om effectieve resultaatgerichte samenwerking aan te gaan.

Anno 2015

De Dommel werkt anno 2015 met 31 processen en 19 procesmanagers. Van de processen is ongeveer 70% gericht op stabiliteit en continuïteit om zodoende taken als waterbeheer en bedrijfsvoering kwalitatief hoogwaardig uit te voeren. Basis voor deze processen is vertrouwen en effectieve communicatie. 30% van de processen is beweeglijk en gericht op verandering en innovatie. Basis hiervoor is de voortdurende uitdaging om vernieuwing en verbetering te organiseren in netwerken van mensen en organisaties. Medewerkers van De Dommel zoeken de beweeglijkheid op of voelen zich juist thuis in stabiele processen. Zo is er plaats voor ieders talent en ambitie zolang er een bijdrage is aan de missie van de organisatie.

De Dommel ziet Maatschappelijke innovatie als belangrijke taak. Er wordt samengewerkt met instellingen en bedrijven die de opgedane ervaring elders toepassen. Bij verbeterprojecten begint elke fase zonder een concrete taakverdeling. Iedereen mag zelf op grond van kennis, ervaring en ambitie aangeven hoe men betrokken wil en kan zijn. Inzet is altijd flexibel voor alle betrokken medewerkers én organisaties.

Bij De Dommel wordt letterlijk gesproken over het creëren van ruimte – soms zelfs chaos – als katalysator voor creativiteit en innovatie. Natuurlijk moeten kwaliteit en continuïteit van kerntaken van het waterschap worden gewaarborgd. Maar ook het verantwoord omgaan met publieke middelen. Dit moet een spanningsveld blijven zodat De Dommel profiteert van de creativiteit en innovatie die het teweeg brengt. Daarom zijn er ook kaders die een veilige omgeving borgen waarbinnen medewerkers zélf de ruimte kunnen invullen. De uitersten tussen maximale sturing en maximale ruimte is een nooit ophoudende zoektocht. Zelfs de individuele directieleden van De Dommel dragen qua leiderschapsstijl de twee aspecten in zich: ruimte en sturing, chaos en orde.

Standaardisatie is een moeilijk punt bij De Dommel. Dit geldt voor de bedrijfsvoering, bijvoorbeeld standaard inkooporders. Medewerkers die zich verantwoordelijk voelen voor hun eigen resultaten zijn kritisch op standaardisatie waar ze geen nut zien. Dit past bij professionals. Een organisatie die borrelt van initiatief en innovatie wil kennis delen. Echter, welk sociaal medium moet daarvoor worden gebruikt? Opleggen en verplicht stellen van tools en werkwijzen past niet bij De Dommel. Als een bepaalde standaard of hulpmiddel geen draagvlak krijgt, dan draagt het kennelijk onvoldoende bij aan het proces.

De Dommel stimuleert dat andere geluiden gehoord worden en andersdenkenden een stem krijgen. Voorbeeldgedrag van directieleden of andere voortrekkers blijkt effect te hebben. Zo zijn er de zogenaamde 'Mee-anders', sociale clusters van meestal jonge gelijkgestemden die – out of the box – ideeën genereren.

Bij De Dommel heeft men ontdekt dat kennisdeling floreert als 'sferen' elkaar ontmoeten. Sferen zijn subculturen binnen de organisatie die van oudsher moeite hebben elkaar te begrijpen. Bijvoorbeeld de medewerkers in het veld – bij De Dommel aangeduid als 'gewortelde mannen' – en beleidsmakers. Laat de beleidsmakers meelopen door de velden, langs beken en sloten en men leert van elkaar. Begrip kweken en elkaars taal spreken zijn essentiële elementen voor procesgericht denken en werken.

Jaarlijkse tevredenheidsonderzoeken onder medewerkers geven een steeds positiever beeld. Mensen voelen zich gezien en gehoord waardoor tevredenheid en motivatie toeneemt. Veiligheid van de oude starre patronen maakt plaats voor beweging als voorwaarde voor het *zijn* van waterautoriteit met een voorbeeldfunctie. Dit gaat, zoals De Dommel ons leert, niet van de ene op de andere dag en is geen toverformule. Het is een proces van jaren met inbreng van visie, leiderschap en moed om te experimenteren. Het lukt omdat er koers is en kaders zijn, ingegeven door bestuur en directie, die worden gedragen door de medewerkers.

Het waterbeheerplan 2021 beschrijft de nieuwe koers voor waterschap De Dommel. Lag tot voor kort de nadruk op natuurbescherming, nu krijgt ook het belang van de agrarische sector weer de aandacht die het verdient. Ook hier gaat het om balans. Er wordt meer ingezet op innovatie – zowel intern als maatschappelijk – en op ketensamenwerking met universiteiten, bedrijven en overheidsinstellingen. Dit is de volgende stap naar een netwerkorganisatie die in beweging blijft om te zorgen voor droge voeten, veiligheid en voldoende én schoon water, ook voor de volgende generaties.

Nicole Archangel en Jan Bouman

Waarom samenwerken werkt

"To ask the 'right' question is far more important than to receive the answer. The solution of a problem lies in the understanding of the problem; the answer is not outside the problem, it is in the problem"

Jiddu Krishnamurti

Hoofdstuk 7. Verbeteren van samenwerking

Dit hoofdstuk geeft een samenvatting van wat in de vorige hoofdstukken is beschreven én komt tot een methode voor het onderzoeken, beoordelen en verbeteren van samenwerking.

7.1 Doelgericht samenwerken

In de hoofdstukken van dit boek hebben we de tegenstelling van het sociale dilemma – de motieven met korte termijn versus lange termijn profijt – geplaatst in de context van samenwerking. Hierbij hebben we onszelf de vraag gesteld;

Wat zijn de motieven van mensen om samen te werken?

Wij zien in de praktijk dat persoonlijke motieven voor samenwerken verschillend zijn voor individuele deelnemers. Mensen halen persoonlijke motivatie uit zichzelf of uit hun omgeving. Ook kunnen motieven waarde gedreven (ethisch of verantwoord) of instrumenteel (gericht op persoonlijk voordeel) van aard zijn.

Hierbij is de boodschap:

> **Organiseer samenwerking zodanig dat met persoonlijke motieven van individuele deelnemers rekening gehouden wordt én organiseer dat de motieven gedurende de samenwerking periodiek getoetst worden.**

Binnen de groep – het samenwerkingsverband – zijn er voor deelnemers sociale motieven waar rekening mee gehouden moet worden. Dit zijn motieven van individuele deelnemers om zich bij de groep aan te sluiten en te blijven samenwerken. Deze sociale motieven kunnen zeer verschillend zijn. Bijvoorbeeld het willen volgen van de leider, het ontvangen van een bevoorrechte behandeling of persoonlijke identificatie met de groep (er bij willen horen). Ook deze motieven kunnen uit de persoon zelf komen of door de omgeving ingegeven zijn. Sociale motieven zorgen ervoor dat een groep blijft bestaan en niet direct na vorming uit elkaar valt.

Hierbij zijn de boodschappen:

> *Organiseer samenwerking zodanig dat met sociale motieven van individuele deelnemers rekening gehouden wordt én dat deze motieven gedurende de samenwerking periodiek getoetst worden.*

> *Weeg per deelnemer de individuele en sociale motieven tegen elkaar af zodat op basis daarvan geacteerd kan worden.*

Netwerken zijn zo oud als de mensheid zelf en organisaties zijn vooral de laatste 200 jaren opgekomen vanaf het begin van de industriële revolutie. Het gaat hier om structuren waarin samenwerking wordt ingebed en georganiseerd. Daarnaast zijn er verschillende vormen van samenwerking mogelijk waarin de ruimte voor individuele deelnemers om zelf (sub)doelen en werkwijze te bepalen varieert.

Hierbij zijn de boodschappen:

> *Organiseer de structuur die bij de samenwerking past. Dit kan een organisatie, een netwerk of een combinatie daarvan zijn.*

> *Organiseer de organisatievorm die bij de samenwerking past. Dit kan gebaseerd zijn op kennisdeling met bewustzijn voor iedereen van (gemeenschappelijke) doelen en/of op autonomie van deelnemers voor het bepalen van (sub)doelen en werkwijzen.*

> *Evalueer vorm en de structuur gedurende de samenwerking en maak indien noodzakelijk hierin wijzigingen.*

Moderne sociale media kunnen onderscheiden worden, voor wat betreft toepassingen en functionaliteiten, langs de lijnen van een zevental criteria of bouwblokken. Dit zijn persoonlijke identiteit, aansluiting bij groepen, vormen van relaties, reputatie, mate van aanwezigheid, voeren van gesprekken en delen van informatie. Moderne digitale tools voor samenwerking, de zogenaamde collaboration tools hebben het karakter van sociale media maar voegen er een drietal criteria of bouwblokken aan toe, namelijk autoriteit (leiding, coördinatie), doelen en ego (werkelijk persoon achter gekozen identiteit). De eerste twee hiervan zijn het gevolg van het sociaal psychologisch mechanisme van mensen dat, als zij voor een gezamenlijke uitdaging (doelen) komen te staan, zij een leider of coördinator (autoriteit) kiezen of erkennen om werk te coördineren en schaarse hulpmiddelen te verdelen.

Hierbij zijn de boodschappen:

> *Organiseer in de samenwerking de bepalende criteria die een rol spelen bij de werking van sociale media en collaboration tools. Deze criteria staan voor de sociale aspecten die het samenwerken kunnen laten slagen of juist mislukken.*

> *Zorg er bovendien voor dat gedurende de samenwerking op basis van deze bepalende criteria periodiek getoetst wordt.*

> *Kies mediatechnologie die bij de sociale context van groep, de gemeenschappelijke doelen en de situatie past.*

Het bereiken van een doel heeft veel te maken met of de juiste mensen met de juiste kennis in de groep aanwezig zijn en of de combinatie van die kennis meer zal opleveren dan de kennis van losse individuen. Kennis wordt bij effectieve samenwerking gedeeld en gecreëerd. Hierbij moet voortdurend de cyclus van socialiseren, externaliseren, combineren en internaliseren doorlopen worden. Om deze cyclus effectief te laten zijn, moet de beschikbare informatie zich steeds vernieuwen. Daarnaast zal het herhaaldelijk doorlopen van deze cyclus alleen succesvol kunnen zijn als dat met de juiste ervaring en vaardigheden voor kennisdeling en –creatie gedaan wordt.

Hierbij zijn de boodschappen:

> *Bewaak en ondersteun in de samenwerking alle stappen van de kenniscreatie cyclus: socialiseren, externaliseren, combineren en internaliseren.*

> *Zorg ervoor dat tijdens het doorlopen van deze cyclus de beschikbare informatie zich bij elke herhaling vernieuwt, dat er voortschrijdend inzicht (ervaring) ontstaat, de juiste vaardigheden worden ingezet en een samenwerkende en lerende attitude onderhouden wordt.*

7.2 Onderzoeken van samenwerking

In deze paragraaf presenteren wij onze handreikingen voor onderzoek gebaseerd op de inzichten die in dit boek zijn beschreven. Wij refereren hiernaar als *onze methode*. Onze methode is bedoeld voor deelnemers en onderzoekers (adviseurs, leiding van de samenwerking) die een situatie van samenwerking willen onderzoeken. Resultaat van het onderzoek is antwoord op de volgende vragen:

- Welke voorwaarden voor succes zijn wel en niet ingevuld?
- Welke maatregelen moeten worden genomen om deze voorwaarden in te vullen?

Creatieve onderzoeker

Onze methode om samenwerking te onderzoeken bestaat uit een aantal score- en vragenlijsten die door de deelnemers en de onderzoeker wordt gehanteerd.

Het is nooit de bedoeling dat de score- en vragenlijsten, de wegingsfactoren en andere elementen van onze methode zonder nadenken worden toegepast en dat de resultaten als het ware automatisch uit het onderzoek komen rollen.

De hier beschreven methode moet worden toepast met kennis van de materie, affiniteit met de specifieke situatie, gevoel voor de omgeving en betrokkenheid bij de mensen. Met deze randvoorwaarden richt de onderzoeker zijn eigen onderzoek in met de hier gegeven handreikingen. Onze methode vraagt dus om creatieve onderzoekers die kunnen omgaan met een *socratische dialoog*.

Scorelijst voor deelnemer

Met de scorelijst in appendix 1 worden door een individuele deelnemer motivatie indicatoren gekozen. De deelnemer vult individuele en sociale motieven in die voor hem of haar relevant zijn. Deze motieven vormen indicatoren die aan het begin en/of tijdens de samenwerking worden getoetst. Het kan nuttig zijn dat de onderzoeker een aantal voor-ingevulde motieven op de scorelijst plaatst zodat de

Waarom samenwerken werkt

deelnemer op basis daarvan kan oefenen in het geven van scores. Het door de onderzoeker voor-invullen van mogelijke motieven kan ook negatief effect hebben, namelijk het sturen (en daardoor beperken) van het denken van de deelnemer. Hierover moet bij de voorbereiding van het onderzoek dus goed worden nagedacht. De voor-ingevulde motieven worden aangevuld met door de deelnemer zelf opgegeven motieven. Zie appendix 1.

De deelnemer geeft de volgende scores op een gegeven/ingevuld motief:

0 : onbelangrijk voor mijn motivatie (neutraal)

+ : belangrijk voor mijn motivatie

++: zeer belangrijk voor mijn motivatie

Voorbeeld van een motief is: Mate waarin de deelnemer zijn werk kan combineren met zijn privé situatie.

Vragenlijsten voor de onderzoeker

De vragenlijsten in appendix 2 dienen ingevuld te worden door de onderzoeker op basis van zijn analyse van het samenwerkingsverband.

Vragen over...

- doelen en coördinatie van de samenwerking;
- de motieven voor samenwerking;
- de structuur van het samenwerkingsverband;
- de vorm van het samenwerkingsverband;
- sociale context van het samenwerkingsverband;
- de media die gebruikt worden bij het samenwerken;
- kennis delen en kennis creëren.

In de vragenlijsten voor de onderzoeker worden beweringen geformuleerd waarachter de volgende gegevens ingevuld moeten worden

a) of de bewering voor de samenwerking relevant is;
   indien a) met ja beantwoord wordt:
b) of de bewering waar is;

c) of dit (waar of onwaar) is getoetst en aangetoond;
   indien b) met nee en/of c) met nee beantwoord wordt:
d) verwijzing naar een actielijst waarin staat welke acties nodig zijn
   om de bewering waar te maken en/of dit aan te tonen.

Voorbeelden van beweringen zijn:

- Inhoud en aard van de coördinatie of leiding van de samenwerking
  is bekend en voor iedere betrokkene duidelijk.
- Iedere deelnemer kan indien gewenst met een andere deelnemer
  communiceren op elk gewenst moment en tijdstip.

Volgend schema geeft een stroomdiagram van het te volgen proces bij
elke bewering. Elke bewering wordt getoetst op basis van de relevantie
hiervan voor de samenwerking.

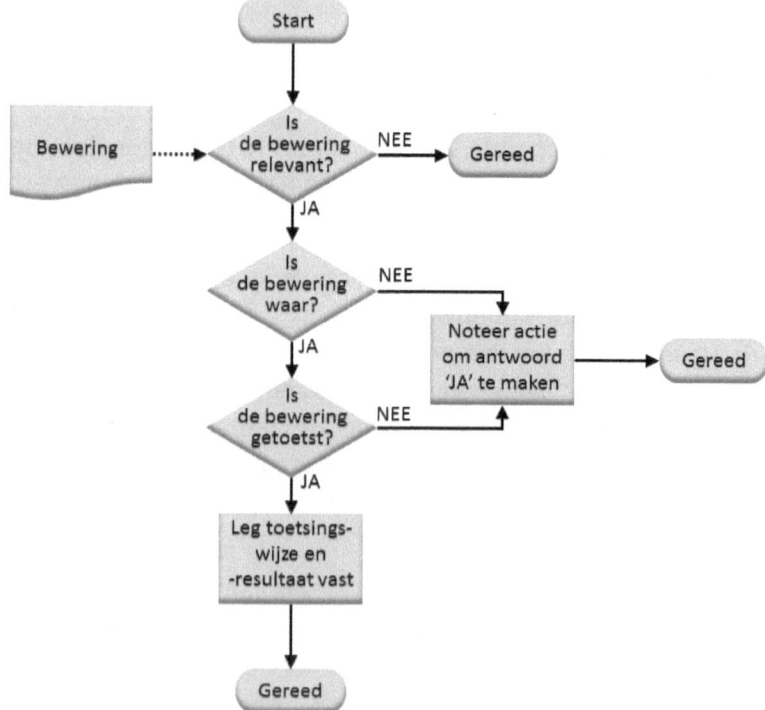

Zoals hiervoor aangegeven wordt de scorelijst over motivatie van
appendix 1 door deelnemers aan de samenwerking ingevuld. Echter,

het verdient aanbeveling dat ook de onderzoeker deze scorelijst in vult om zijn eigen bevindingen over motivaties te vergelijken met die van de deelnemers.

Motivatie kan het beste worden bepaald door een combinatie van wat de onderzoeker beoordeelt op basis van de criteria, ondersteund door de daadwerkelijke keuzes van de deelnemers zelf. Dit kan ook als controle bij latere meetmomenten dienen om vast te stellen hoe het met de motivatie van deelnemers is gesteld.

7.3   Beoordelen van samenwerking

Nadat de samenwerking is onderzocht, met andere woorden, nadat de score- en vragenlijsten van de vorige paragraaf zijn toegepast, volgt weging en beoordeling van de resultaten.

Gekozen structuur (organisatie, netwerk) en vorm (gepland, bewust, reflectief) van samenwerking zijn hiervoor de basis. Onderstaande tabel geeft op basis van onze ervaringen, wegingsfactoren met betrekking tot het belang van het waar zijn van de beweringen in vragenlijsten van appendix 2.

Wegingen van beweringen			Structuur van samenwerking	
			Organisatie	Netwerk en mengvorm
			Wegingen	
Vorm van samenwerking	Gepland	Motivatie	1	2
		Sociale context	1	2
		Media context	1	1
		Kennis delen	1	2
	Bewust	Motivatie	2	4
		Sociale context	3	4
		Media context	2	4
		Kennis delen	4	4
	Reflectief	Motivatie	4	6
		Sociale context	6	6
		Media context	3	6
		Kennis delen	6	6

Tabel 9. Wegingen van beweringen

Het overzicht van wegingen hiervoor geeft een indicatie die gebaseerd is op best practices. Omdat elke samenwerking uitgevoerd wordt door unieke mensen in vaak unieke situaties moeten deze wegingsfactoren altijd kritisch en met oog voor de individuele situatie worden toegepast. Het is daarom van groot belang dat de onderzoeker én opdrachtgever bij beoordeling zowel zijn gevoel als zijn verstand gebruikt én dat hij de unieke aspecten in ogenschouw neemt.

7.4   Verbeteren van samenwerking

Het verbeteren van samenwerking bestaat uit het uitvoeren van de acties die voortkomen uit de score- en vragenlijsten. Hierbij worden prioriteiten gesteld op basis van de wegingen van de vorige paragraaf.

"Equipped with his five senses, man explores the universe around him and calls the adventure Science"

Edwin Powell Hubble

Hoofdstuk 8.   Next generation collaboration

Zoek op het Internet naar collaboration tools. Het scherm loopt vol met hits, blogs en artikelen. Veel best practices over het gebruik van tools als SharePoint, IBM Connections en Google Apps for Work. De blogs waarschuwen voor een aanpak vanuit de techniek. Als de organisatie geconfronteerd wordt met een tool zullen mensen zelden vanzelf volgen. 'Provide & pray' als valkuil wordt in veel varianten beschreven. Daarnaast worden er veel voorbeelden beschreven over het management dat niet het goede voorbeeld geeft.

In de moderne tijd overbrugt samenwerking tussen mensen de traditionele barrières van tijdsverschil en fysieke afstand. Het denken over samenwerking blijft echter nog in oude patronen hangen. Moderne hulpmiddelen die vaak worden toegepast – zoals collaboration tools – zijn vanuit dit oude denken ontwikkeld. Het belangrijkste aspect daarvan is dat effectieve en doelgerichte samenwerking zich vooral concentreert op *het werk* dat moet gebeuren en minder op *de mensen* die het moeten doen.

Anno 2015 combineren collaboration tools functies die ook door sociale media worden ingevuld, aangevuld met enkele specifieke zaken ten behoeve van samenwerken. Ze plannen, delen informatie, coördineren werk, faciliteren gesprekken, vormen groepen, maken persoonlijke pagina's, kennen rechten toe, sluiten aan op email, agenda en sociale media, enzovoort.

Als bij de introductie en optimalisatie van een collaboration tool de vragenlijsten achterin dit boek worden gehanteerd, conform de instructies in het vorige hoofdstuk, dan vormt *samenwerking* het uitgangspunt en niet het tool dat slechts faciliteert. Veel genoemde elementen in de vragenlijsten zullen leiden tot organisatorische maatregelen, een aantal zullen worden gefaciliteerd door de primaire functies van het tool of door inrichting c.q. instelling van het tool.

De inzichten beschreven in dit boek leiden tot een aantal nieuwe functies voor collaboration tools die essentieel zijn voor effectieve samenwerking. Functies van *next generation collaboration tools* zijn:

- Beschikken over standaard verzamelingen van instellingen voor verschillende structuren en vormen van samenwerking: organisatie, netwerk, mengvormen alsmede geplande, bewuste en reflectieve samenwerking.
- Volgen en sturen van de samenwerking op basis van motivaties van individuele deelnemers en groep.
- Volgen en sturen van het kenniscreatieproces door doelgericht de verschillende fasen te doorlopen: socialisatie, externalisatie, combinatie en internalisatie.
- Faciliteren van contemplatie van individuele deelnemers en kleine groepen om ideeën te laten ontstaan en rijpen, inclusief het integreren van de resultaten daarvan in het kenniscreatieproces.
- Kiezen van effectieve media bij aard van de samenwerking op basis van 'social presence', 'media richness' en 'media naturalness'.
- Bewust kiezen en beïnvloeden van sociale context van groep en individuele deelnemers (bijvoorbeeld identiteit, zichtbaarheid en presentatie) die past bij de samenwerking.

Met deze functies faciliteren tools het samenwerken beter dan dat ze tot nu toe deden. Collaboration tools zullen dan uitgebreid of opnieuw ontwikkeld moeten worden waarbij, naast het werk dat moet gebeuren, de samenwerkende mens het uitgangspunt wordt. Het tool mag hierbij geen verpakking van losse functies zijn. De samenhang tussen functies dient de mensen, het team en het doel te dienen.

Wij danken u voor het volgen van ons verhaal, onze zoektocht en inspiratie en wensen u veel succes en plezier met doelgericht samenwerken.

Es gibt nichts Praktischeres als eine gute Theorie
(Er is niets praktischer dan een goede theorie)

Immanuel Kant

Hoofdstuk 9.   Verwijzingen

[1]   Tyler Tom R, Cooperation in Modern Society, Chapter 4: Why do people cooperate in groups? Support for structural solutions to social dilemma problems,

[1a]   Book : 'Cooperation in Modern Society' by Mark Van Vugt, Anders Biel, Mark Snyder and Tom R. Tyler), Routledge, 2000, USA, Canada.

[2]   Vinge Vernor, The Coming Technological Singularity: How to Survive in the Post-Human Era, Department of Mathematical Sciences, San Diego State University, 1993, San Diego, USA.

[3]   Auel Jean M, The Mammoth Hunters, Third volume from the series: The Earth's Children, 1985.

[4]   Chrulew Matthew, Hunting the Mammoth, Pleistocene to Postmodern, Journal for Critical Animal Studies, Volume IX, Issue 1/2, 2011, Australia.

[5]   Bently Alexander, Maschner Herbert, Handbook of Archeological Theories, pages 252-253, Altamira Press, 2008, USA.

[6]   Kent Patrick Alan, The Roman army's emergence from its Italian origins, dissertation submitted to the faculty of the University of North Carolina, 2012, Chapel Hill, USA.

[7]   Obeng Eddie, TED Talk: Smart failure for a fast changing world, http://www.ted.com, 2012.

[8]   Kietzmann Jan H, Silvestre Bruno S, McCarthy Ian P, Pitt Leyland, Unpacking the social media phenomenon: towards a research agenda, Journey of Public Affairs, published online in Wiley Online Library, 2012, Canada.

[9]   Goleman Daniel, Primal Leadership, Leadership That Gets Result, Harvard Business Review, 2000.

[10]   Shirky Clay, TED Talk: Institutions vs Collaboration, http://www.ted.com, 2005.

[11] Cross Rob, Borgatti Stephen P, Parker Andrew, Organizational Network Analysis (ONA) / Making Invisible Work Visible: Using Social network analysis to support strategic collaboration, California Management Review, Volume 44, no 2, 2002, California, USA.

[12] Novak Dan, Rennaker Mark, Turner Paulette, Using Organizational Network Analysis to Improve Integration Across Organizational Boundaries, People & Strategy, Volume 34, Issue 4, 2011, USA.

[13] Sampson Michael, Book: Collaboration Roadmap, 2011, New Zealand.

[14] Magdaleno Andrea M, Mendes de Araujo Renata, Borges Marco R S, Designing Collaborative Processes, Collaborative Maturity Model for Business Processes, International Journal of Business Process Integration and Management, Volume 4 no 2, 2009, Brazil.

[15] Nonako I, Takeuchi H, The knowledge-creating company, Oxford University Press, 1995, New York, USA.

[16] Bratianu Constantin, Orzea Ivona, Organizational Knowledge Creation, Management Marketing Challenges for Knowledge Society, Vol. 5 No. 3 pp 41-62, 2010, Romania

[17] Kaplan Andreas M, Haenlein Michael, Users of the world, unite! The challenges and opportunities of Social Media, ESCP Europe / Elsevier, Business Horizons, 2010, Paris, France.

[18] Kock Ned, Media Richness or Media Naturalness? The Evolution of Our Biological Communication Apparatus and Its Influence on Our Behavior Toward E-Communication Tools, IEEE DOI 10.1109/TPC.2005.849649, 2004, Laredo, USA

[19] Brown Tim, TED Talk: Tales of creativity and play, http://www.ted.com, 2008.

[20] Boches Edward, 10 Rules for Modern Collaboration, http://edwardboches.com, 2011

[21] Brooks, Frederick P Jr, The Mythical Man-Month, Reading, MA, Addison Wesley, 1995.

[22] Cain, Susan, TED Talk: The Power of the Introverts, http://www.ted.com, 2012.

[23] Fold it: Solve puzzles for science, http://fold.it

[24] The Matrix (1999), Warner Bros, Village Roadshow Pictures, Groucho II Film Partnership, Silver Pictures / The Matrix Reloaded

(2003), Warner Bros, Village Roadshow Pictures, Silver Pictures, NPV Entertainment, Heineken Branded Entertainment / The Matrix Revolutions (2003), Warner Bros, Village Roadshow Pictures, NPV Entertainment, Silver Pictures

[25] Compernolle Prof. Dr. Theo, Corporate Brain Disorder, Multitasking, information overload en always-on. Ons (gestresst) brein is de flessenhals, Column, , theocompernolle@speakersacademy.eu, 2012

[26] Weggeman Mathieu, Leiding geven aan professionals? Niet Doen! Over kenniswerkers, vakmanschap en innovatie, Scriptum, 2008

[27] Blank M, Kagan S, Melaville A , Ray K, Collaboration: What Makes It Work (Mattessich et al., 2001, p. 61).

Waarom samenwerken werkt

Appendix 1: Motivatie scorelijst voor deelnemers aan samenwerking

De deelnemer geeft de volgende scores op een gegeven motief:

0 : onbelangrijk voor mijn motivatie (neutraal)

+ : belangrijk voor mijn motivatie

++: zeer belangrijk voor mijn motivatie

Nr.	Welke scores geeft u voor de volgende persoonlijke motieven?	Score: 0, +, ++
1	Mate van persoonlijke waardering voor het behalen van resultaten	
2	Mate van persoonlijke waardering voor het vertonen van inzet	
3	De werksfeer in het team	
4	Mate van terugkoppeling van deelnemers (collega's)	
5	Aard van de terugkoppeling van deelnemers (collega's)	
6	Materiële beloning (zoals salaris) voor het werk	
7	De sociale omgang van deelnemers met elkaar	
8	Persoonlijke uitdagingen die deelname met zich mee brengt	
9	Persoonlijke consequenties (voor- en nadelen) op lange termijn voor de deelnemer	
10	Leiding die passend is voor de individuele deelnemer	
11	Mate waarin andere deelnemers bijdragen aan het groepsresultaat	
12	Mate waarin het leiderschap voorwaarden schept voor het kunnen uitvoeren van de individuele taak van de deelnemer	
13	Mate waarin het leiderschap voorwaarden schept voor het kunnen uitvoeren van taken en behalen van doelstellingen van de groep	
14	Mate waarin een hoger doel wordt nagestreefd	
15	Mate waarin het werk als maatschappelijk relevant wordt ervaren	
16	Mate waarin de deelnemer zijn werk kan combineren met zijn privé situatie	
17	Mate waarin het werk past bij de persoonlijke ambities van de deelnemer	

Nr.	Welke scores geeft u voor de volgende sociale motieven?	Score: 0, +, ++
18	Versterking van de positie of imago van de groep	
19	Bijdrage aan versterking van de organisatie of het netwerk	
20	Het bestaan van een gezamenlijke dreiging	
21	Sterke persoonlijke of emotionele binding met de groep, de organisatie of het netwerk	
22	Gezamenlijke levensbeschouwelijke of principiële overtuiging	
23	Behouden van bestaande of verkrijgen van nieuwe privileges van de groep	
Nr.	Door deelnemer zelf ingevulde motieven:	Score: 0, +, ++
24		
25		
26		
27		
28		
29		
30		
31		
32		
33		
34		
35		
36		
37		
38		
39		
40		

Appendix 2: Vragenlijsten voor de onderzoeker

2.1. Algemene vragenlijst (coördinatie en doel)

Definitie van samenwerking waarvoor deze methode geldt:
Mensen die op elkaar afgestemde activiteiten uitvoeren om een gezamenlijk doel te bereiken. Van deze mensen wordt verwacht dat op eigen initiatief kennis of vaardigheden worden gecombineerd, met als doel een resultaat te leveren dat meer waarde oplevert dan door één individu kan worden opgeleverd.

Nr	Bewering	Relevant J of N	Waar J of N	Getoetst J of N (ref.)	Actie (ref.)
A01	De gezamenlijke samenwerkingsdoelen en -resultaten zijn gedefinieerd en voor iedere betrokkene duidelijk				
A02	De individuele samenwerkingsdoelen en – resultaten zijn gedefinieerd en voor iedere betrokkene duidelijk				
A03	Coördinator(s) of leider(s) van de samenwerking is/zijn aanwezig en het is voor iedere betrokkene duidelijk wie dat is (zijn)				
A04	Inhoud en aard van de coördinatie of leiding van de samenwerking is bekend en voor iedere betrokkene duidelijk				
A05	Taken, rechten en bevoegdheden van coördinatie of leiding zijn bekend en voor iedere betrokkene duidelijk				
A06	Taken, rechten en bevoegdheden van iedere individuele betrokkene zijn bekend en overeengekomen				
A07	Verplichtingen (of verwachtingen) van iedere betrokkene jegens coördinatie of leiding van de samenwerking is bekend en overeengekomen				
A08	Verplichtingen (of verwachtingen) van coördinatie of leiding van de samenwerking jegens iedere betrokkene is bekend en overeengekomen				
A09	Er is meer dan 1 deelnemer betrokken bij de samenwerking				

2.2. Vragenlijst motieven voor samenwerking

Nr	Bewering	Relevant J of N	Waar J of N	Getoetst J of N (ref.)	Actie (ref.)
D01	De persoonlijke motieven van de deelnemers aan de samenwerking zijn bekend (op basis van ingevulde scorelijsten conform appendix 1 of op een andere manier)				
D02	Bij het organiseren en coördineren/leiden van de samenwerking wordt rekening gehouden met de persoonlijke motieven van de deelnemers om samen te werken				
D03	Bij het organiseren en coördineren/leiden van de samenwerking is rekening gehouden met verwachte en onverwachte wijzigingen in de persoonlijke motieven van deelnemers om samen te werken				
D04	De sociale motieven van de samenwerking zijn bekend (op basis van ingevulde scorelijsten conform appendix 1 of op een andere manier)				
D05	Bij het organiseren en coördineren/leiden van de samenwerking rekening is gehouden met de sociale motieven om samen te werken				
D06	Bij het organiseren en coördineren/leiden van de samenwerking rekening is gehouden met verwachte en onverwachte wijzigingen in de sociale motieven om samen te werken				
D07	De persoonlijke motieven en sociale motieven zijn vastgelegd (daar waar privacy regels dat toestaan) en worden naar aanleiding van wijzigingen onderhouden				
D08	De persoonlijke motieven en sociale motieven worden gedurende de samenwerking getoetst zodat ze actueel blijven				
D09	Ten aanzien van persoonlijke motieven is vastgesteld welke motieven aan welke deelnemers van de samenwerking bekend worden gemaakt				

Waarom samenwerken werkt

2.3. Vragenlijst structuur van de samenwerking

Nr	Bewering	Relevant J of N	Waar J of N	Getoetst J of N (ref.)	Actie (ref.)
B01	Er zijn procesafspraken over de samenwerking gemaakt. Bijvoorbeeld de volgorde van activiteiten, prioriteiten, wijzen van communiceren, hoe beslissingen tot stand komen, hoe resultaten getoetst worden en wie wat doet				
B02	De groep heeft de omvang die past bij de samenwerking en het doel. Een grote groep kan inefficiënt zijn omdat veel capaciteit en tijd aan coördinatie en afstemming besteed moet worden. Een kleine groep kan onvoldoende effectief zijn omdat niet alle gewenste kennis en vaardigheid beschikbaar is. In veel gevallen bestaat een ideale groepsgrootte uit 7 of 8 personen				
B03	De potentie van de samenwerking is bij de betrokkenen bekend. Dit wil zeggen: Is het voor de groep en voor de individuele deelnemers duidelijk dat samenwerken meer oplevert dan als iedereen individueel zijn werk doet zonder samen te werken				
B04	Er is sprake van een bewust vastgestelde structuur van de samenwerking, een organisatie (met hiërarchie), een netwerk of combinaties daarvan				
B05	Er zijn steekhoudende argumenten, gezien de aard van doel, resultaten, deelnemers en groep, om te kiezen voor een bepaalde structuur van samenwerken				
B06	Het leiderschap past bij de gekozen structuur (organisatie, netwerk) van de samenwerking				
B07	Er is sprake van een bewust gekozen vorm van de samenwerking, bijvoorbeeld gepland, bewust of reflectief of combinaties daarvan				
B08	Er zijn tools beschikbaar die de mogelijkheid hebben aanpasbare instellingen te kiezen voor de gekozen samenwerkingsstructuren (organisatie, projectgroep, netwerk en combinaties daarvan)				
B09	De informatie-, rapportage- en communicatielijnen binnen de samenwerking zijn vastgesteld en bekend bij alle betrokkenen				
B10	Koppelen van metagegevens aan elk gegeven dat met behulp van de tool wordt vastgelegd				
B11	Er is een proces en er zijn de juiste tools om alle informatie die van belang is voor de samenwerking, efficiënt vast te leggen				

B12	Er is een proces en er zijn de juiste tools om alle informatie die van belang is voor de samenwerking, vindbaar te maken voor alle relevante betrokkenen
B13	De tools die tijdens de samenwerking worden gebruikt zijn voor alle deelnemers binnen de groep duidelijk
B14	Alle informatie wordt met behulp van meta data opgeslagen in de door de organisaties gekozen tool
B15	Het is voor de groep duidelijk waarom samenwerking nodig is om het gemeenschappelijk doel te bereiken
B16	De deelnemers in de groep zijn bereid om met elkaar samen te werken, te vertrouwen op elkaars kennis en kunde en staan open voor elkaars mening en ideeën

2.4. Vragenlijst vormen van samenwerking

Nr	Bewering	Relevant J of N	Waar J of N	Getoetst J of N (ref.)	Actie (ref.)
C01	Er is sprake van een bewust gekozen vorm van de samenwerking, bijvoorbeeld gepland, bewust of reflectief of combinaties daarvan				
C02	Er zijn steekhoudende argumenten, gezien de aard van het doel, resultaten, deelnemers en groep, om te kiezen voor een bepaalde vorm van samenwerken				
C03	Het leiderschap is ingericht op de gekozen vorm (gepland, bewust, reflectief) van de samenwerking				
C04	Er zijn tools beschikbaar die de mogelijkheid hebben aanpasbare instellingen te kiezen voor de gekozen samenwerkingsvorm (gepland, bewust, reflectief of combinaties daarvan)				

Waarom samenwerken werkt

2.5. Vragenlijst sociale context

Nr	Bewering	Relevant J of N	Waar J of N	Getoetst J of N (ref.)	Actie (ref.)
E01	Iedere individuele deelnemer heeft een identiteit (zoals hij zich kenbaar maakt) binnen de groep die past bij zijn beoogde bijdrage aan de samenwerking				
E02	Iedere individuele deelnemer heeft een reputatie (zoals door anderen gekend is) binnen de groep die past bij zijn beoogde bijdrage aan de samenwerking				
E03	Iedere deelnemer kan indien gewenst met een andere deelnemer communiceren op elk gewenst moment en tijdstip				
E04	Iedere individuele deelnemer is voldoende aanwezig, beschikbaar, vindbaar en bereikbaar (voor de groep en individuele deelnemers) met het oog op zijn beoogde bijdrage aan de samenwerking				
E05	Er is informatie over elke deelnemer binnen de groep bekend en beschikbaar voor de andere deelnemers				
E06	De samenwerking biedt voldoende mogelijkheden voor iedere individuele deelnemer om kennis en ervaring te delen, zowel door sociale interactie als door uitwisseling van vastgelegde informatie				
E07	De situaties dat er speciale (bijzondere, intensieve, unieke) relaties nodig zijn tussen specifieke deelnemers, zijn vastgesteld en gefaciliteerd				
E08	Er zijn verschillende kanalen aanwezig waarlangs communicatie tussen de deelnemers kan plaatsvinden				
E09	De gemeenschappelijke doelen binnen de groep zijn zichtbaar aanwezig				
E10	Aan sociale randvoorwaarden in de samenwerking zijn voldaan. Bijvoorbeeld de wil om samen te werken, bereidheid om constructief om te gaan met meningsverschillen, vertrouwen in elkaar, respect voor elkaar en open houding jegens elkaar				
E11	Veranderingen in bovenstaande aspecten van de sociale context worden ontdekt en gedurende de samenwerking wordt daarop geacteerd				
E12	Deelnemers hebben de mogelijkheid om ook persoonlijke interesses met anderen te delen, die los staan van het doel				

2.6. Vragenlijst media context

Nr	Bewering	Relevant J of N	Waar J of N	Getoetst J of N (ref.)	Actie (ref.)
FO1	De media die gebruikt worden voor synchrone communicatie tussen deelnemers zijn, gezien de aard van doel, resultaten, deelnemers en groep, toegespitst op de samenwerking.				
FO2	De media die gebruikt worden voor asynchrone communicatie tussen deelnemers zijn, gezien de aard van doel, resultaten, deelnemers en groep, toegespitst op de samenwerking.				
FO3	De media die gebruikt worden voor vastleggen van informatie zijn, gezien de aard van doel, resultaten, deelnemers en groep, toegespitst op de samenwerking.				
FO4	De media die gebruikt worden voor presenteren van resultaten zijn, gezien de aard van doel, resultaten, deelnemers en groep, toegespitst op de samenwerking en het doel.				
FO5	Er is specifiek vastgesteld in hoeverre fysieke nabijheid tussen deelnemers (face-to-face contact, lichaamstaal) de samenwerking bevordert en er zijn corresponderende maatregelen genomen.				

2.7. Vragenlijst kennis creëren en delen

Nr	Bewering	Relevant J of N	Waar J of N	Getoetst J of N (ref.)	Actie (ref.)
GO1	Er is tijd en gelegenheid waarop en een omgeving waarin de deelnemers elkaar kunnen ontmoeten om te socialiseren. Dat wil zeggen: dat zij zonder afgestemd doel of onderwerp en door middel van vrije associatie met elkaar kunnen communiceren				
GO2	Er is tijd en gelegenheid waarop en een omgeving waarin de deelnemers, de tijdens socialisatie (zie punt hierboven) ontstane inzichten kunnen vastleggen in tekst, beelden of geluid (codificeren) zodanig dat deze inzichten overdraagbaar zijn				

G03	Er is tijd en gelegenheid waarop en een omgeving waarin de deelnemers, alleen of in groepsverband (brainstorm), kunnen communiceren (synchroon of asynchroon) over bestaande of nieuwe inzichten en een en ander kunnen combineren tot nieuwe inzichten die direct worden gecodeerd
G04	Er is tijd en gelegenheid waarop en een omgeving waarin de deelnemers, alleen of in groepsverband de gecodeerde inzichten kunnen bestuderen en zich eigen maken, zonder gestoord te worden door anderen
G05	Er zijn voorzieningen voor deelnemers aan de samenwerking om 'in te stappen' in de verschillende kenniscreatie fasen
G06	Er zijn voorzieningen in de samenwerking voor het 'klaar zetten' en 'verplaatsen' van kenniselementen (gegevens en combinaties) van de ene fase naar de andere
G07	Ervaring, vaardigheden en attitude van individuele deelnemers om informatie te delen door socialisatie, passen bij hun individuele rollen in de samenwerking
G08	Ervaring, vaardigheden en attitude van individuele deelnemers om informatie vast te leggen en overdraagbaar te maken, passen bij hun individuele rollen in de samenwerking
G09	Ervaring, vaardigheden en attitude van individuele deelnemers om informatie te vergelijken en te combineren, passen bij hun individuele rollen in de samenwerking
G10	Ervaring, vaardigheden en attitude van individuele deelnemers om zich informatie (kennis) eigen te maken, passen bij hun individuele rollen in de samenwerking

Waarom samenwerken werkt

Appendix 3: Cooporation, coordination & collaboration

Onderscheid op basis van de inzichten van Martin Blank, Sharon Kagan, Atelia Melaville en Karen Ray [27]

Essential Elements	Cooperation	Coordination	Collaboration
Vision & Relationships	Basis for cooperation is usually between individuals but may be mandated. Organizational mission & goals are not considered. Interaction is on an as needed basis/no time limit.	Individual relationships are supported by their organizations. Mission and goals of the organizations are reviewed for compatibility. Interaction usually around one specific project or task.	Commitment of the organization is fully behind the individual. Common, new mission and goals are created. One or more projects are undertaken for longer- term results.
Structure, Responsibilities & Communication	Relationships are informal, each organization functions separately. No joint planning is required. Information is conveyed as needed.	Organizations assume needed roles but still functions separately. Some project specific planning is required. Communication roles are established and channels for interaction created.	New structure and/or formal division of labor are created. Comprehensive planning is required including measures of success. Many levels of communication and channels for interaction are created.
Authority & Accountability	Authority rests solely with individual organizations. Leadership is unilateral and control is central. All authority and accountability rests with each organization.	Authority rests on each organization but there is coordination. There is some sharing of leadership and control. There is some shared risk, but most authority and accountability rests with each organization.	Authority is determined by the collaboration to balance ownership. Leadership is dispersed and control is shared and mutual. Equal risk is shared by all organizations.
Resources & Rewards	Resources (staff time, money and capabilities) are separate, serving the individual organizations' needs.	Resources are acknowledged and can be made available for a specific project. Rewards are mutually acknowledged.	Resources are pooled or jointly secured for a long- term effort. Organizations share in the products: more is accomplished together than individually.